Atilla Vuran
Gunnar Seide

Promovieren heißt scheitern
Damit Sie am Scheitern nicht scheitern

Ein Konzept zur Selbstführung und Selbstverantwortung

„Es gibt nur zwei Tage im Jahr, an denen man nichts tun kann.
Der eine ist gestern, der andere morgen.“
Dalai Lama

Atilla Vuran
Gunnar Seide

PROMOVIEREN
HEISST SCHEITERN

Damit Sie am Scheitern nicht scheitern

Ein Konzept zur Selbstführung und Selbstverantwortung

Bibliografische Information der Deutschen Nationalbibliothek
Die Deutsche Nationalbibliothek verzeichnet diese Publikation in der Deutschen Nationalbibliografie; detaillierte bibliografische Informationen sind im Internet über http://dnb.d-nb.de abrufbar.

ISBN 978-3-7664-9942-4
Im Vertrieb von: Jünger Medien Verlag + Burckhardthaus-Laetare GmbH, Offenbach

Überarbeitung der Geschichten: Alexander Natter, Wendelstein
Lektorat: Anja Hilgarth, Herzogenaurach
Umschlaggestaltung: Martin Zech Design, Bremen, www.martinzech.de
Comics: Ralf Alex Fichtner, Schwarzenberg
Foto Buchumschlag: Antonov Roman / shutterstock
Autorenfotos: Foto Danner e.K., Jestetten
Satz und Layout: ZeroSoft, Timisoara
Druck und Bindung: Salzland Druck, Staßfurt

2. Auflage 2019
www. promovieren-heisst-scheitern.de

PEFC zertifiziert
Dieses Produkt stammt aus nachhaltig bewirtschafteten Wäldern und kontrollierten Quellen.
www.pefc.de

Inhalt

Vorwort

Eine Promotion ist eine große Herausforderung, eine Aufgabe für mehrere Jahre, mit dem Ziel, wissenschaftliches Neuland zu betreten. Zu Beginn weiß man sicher nicht, was auf einen zukommt. Es werden sich unerwartete Probleme auftun, es wird Rückschläge geben, man wird Pläne ändern müssen, auch das Thema mag sich verschieben. Man kennt aber auch noch nicht das Glücksgefühl, das sich einstellt, wenn nach langem Nachdenken oder dem Aufbau eines komplexen Experiments der Durchbruch gelingt oder ganz unerwartete Erkenntnisse gewonnen werden. Während einer Promotion geht man durch Höhen und Tiefen, man erfährt Durststrecken, dafür hat man in anderen Phasen einen „Lauf", wenn alles wie von selbst geht. Man muss mit Zähigkeit bei der Sache bleiben, in der Lage sein, sich immer wieder zu motivieren, die Herausforderungen anzunehmen.

Dieses Buch wird Ihnen dabei helfen – und gleichzeitig werden Sie viel über sich selbst, Ihre Ziele, Wünsche, Einstellungen, Arbeitsweisen lernen. Das, was Sie lernen, wenn Sie mit diesem Buch arbeiten – und es ist ein Arbeitsbuch, keines, das man an einem Stück durchliest –, wird Ihnen nicht nur während der Promotionszeit helfen, mit Ihren Rückschlägen und Erfolgen, den Phasen des scheinbaren Stillstands und den plötzlichen Durchbrüchen klarzukommen. Die vielleicht wichtigste Botschaft findet sich am Ende des Buches: Wenn Sie mit diesem Buch arbeiten, dann lernen Sie, sich selbst zu führen – und nur wer sich selbst führen kann, ist auch in der Lage, andere zu führen. Wenn Sie erfolgreich Ihre Promotion abgeschlossen haben, dann ist die Wahrscheinlichkeit, später in einer Führungsposition tätig zu sein, sicher höher als für den Durchschnitt der Bevölkerung. Und wenn Sie führen, werden Sie genau die Fähigkeiten, die Sie während der Promotionszeit erwerben, immer wieder einsetzen können und müssen.

Ich kenne kein anderes Buch, das Sie so wie dieses mit typischen Situationen konfrontiert, denen Sie während Ihres Promotionsvorhabens begegnen könnten, und Ihnen dann eine Anleitung dazu gibt, mit solchen Situationen konstruktiv umzugehen und dabei auch über die Bewältigung des eigentlichen Problems hinaus etwas zu lernen. Das Buch ist von Praktikern geschrieben, die Promotionsvorhaben betreut haben und betreuen, die sich aber zudem mit den psychologischen und soziologischen Themen beschäftigt haben, die im Umfeld eines Promotionsvorhabens relevant sind. Dies macht das Buch so hilfreich. Auch wenn Ihnen sicher nicht alle

Probleme und Fragen begegnen werden, die im Buch angesprochen sind: Lehrreich ist die Beschäftigung damit in jedem Falle.

Ich wünsche den Leserinnen und Lesern eine fruchtbringende und hilfreiche Auseinandersetzung mit den hier behandelten Themen – und da die Mehrzahl von Ihnen sich sicher am Anfang der Promotion oder in einem Promotionsvorhaben befindet, wünsche ich Ihnen auch einen erfolgreichen Abschluss Ihrer Promotion, sodass Sie nach der Verteidigung auf diese Zeit als einen schönen und befriedigenden Abschnitt Ihres Lebens zurückblicken.

Prof. Dr. Ferdi Schüth, im Februar 2017

Vizepräsident der Max-Planck-Gesellschaft, Wissenschaftliches Mitglied und Direktor am Max-Planck-Institut für Kohlenforschung

Einleitung

Wofür gibt es dieses Buch?

Was denken Sie, wie viele Promotionen aus fachlichen Gründen abgebrochen werden? Und wie viele aus anderen Gründen?

Wir haben selten von einer Promotion gehört, die aus fachlichen Gründen scheiterte und abgebrochen wurde. Promovierende entscheiden sich in der Regel aus anderen Gründen dagegen, die Promotion fortzusetzen. Die Ursachen liegen erfahrungsgemäß im persönlichen Bereich.

Aus Scheitern lernen und dem Scheitern vorbeugen, das ist es, was im Zentrum dieses Buches steht. Mit „Scheitern" sind Rückschläge gemeint, die die Zuversicht in die eigene Fähigkeit zur Promotion schwächen können. Gemeint ist das Scheitern an alltäglichen Aufgaben und Herausforderungen, die sich für viele Promovierende in kritischem Ausmaß oft erst während einer Promotion stellen. In der Regel waren Promovierende vor der Promotion überdurchschnittliche Studierende, die wenig Widerstände erfahren haben.

Uns geht es darum, die Phase der Promotion, die von einer Vielzahl von Herausforderungen geprägt ist und fast alle Promovierenden an ihre Grenzen führt, einfacher zu machen. Dies geschieht, indem die Promotion aus der Perspektive der Selbstführung betrachtet wird und Hinweise zum Umgang mit sich selbst bei der Bewältigung klassischer Herausforderungen der Promotion gegeben werden.

Ziel dieses Buches ist es, das Scheitern an der Promotion zu vermeiden, ohne schwierige Schlüsselstellen zu umgehen. Wir möchten einen Beitrag zur bestmöglichen Promotion von Doktoranden leisten und mit diesem Buch den Promovierenden in den Mittelpunkt des Promotionserfolgs stellen.

Wie soll dieses Buch genutzt werden?

Dieses Buch soll als promotionsbegleitendes Arbeitsbuch ein Katalysator zur Selbstentwicklung für Promovierende sein. Daher sind immer wieder Stellen zum Eintragen eigener Erkenntnisse vorgesehen.

Das Buch ist nicht als Ratgeber im Sinne von „Tipps und Tricks zur Durchführung der Promotion von A wie Arbeitshypothese bis Z wie Ziel“ verfasst, sondern als interaktives promotionsbegleitendes Arbeitsbuch. Nach unserer Auffassung ist es nicht das Wissen über die Themen dieses Buches, das hilfreich sein wird, sondern die aktive Auseinandersetzung mit seinem Inhalt.

Die Idee hinter dem Buch

Die Idee zu diesem Buch ergab sich bei einem Gespräch der Autoren über die Durchführung von Promotionsvorhaben. Es entwickelte sich ein Dialog über die Höhen und Tiefen des Promovierens, an dessen Ende der Entschluss stand, ein Buch zu schreiben, das typische Herausforderungen aus Sicht eines Hochschullehrers und eines Führungsexperten benennt und Ideen zum Meistern dieser Herausforderungen liefert.

Der Aufbau des Buches

Die Randbedingungen von Promotionen sind je nach Fach und Promotionsmodell extrem unterschiedlich. Gemeinsam ist aber allen Fächern und Promotionsmodellen, dass die Promotion Promovierende an die Grenzen ihrer Leistungsfähigkeit führt.

Das Buch baut auf drei Säulen auf: Haben, Sein und Tun (siehe nachfolgende Abbildung). Jeder Säule widmen wir fünf Kapitel. Die 15 Kapitel unseres Buches sind in sich abgeschlossen und können in beliebiger Reihenfolge bearbeitet werden. Wir empfehlen Ihnen, mit einem Thema zu beginnen, das Sie spontan am stärksten anspricht. Mit den drei Dimensionen „Haben“, „Sein“ und „Tun“ werden die vielfältigen Themen, die bei einer erfolgreichen Promotion wichtig sind, zu drei Themenfeldern in je fünf Kapiteln zusammengefasst, um die Komplexität des Buches zu reduzieren. Im Promotionsprozess geht es aus unserer Sicht darum, sich selbst als Person und das wissenschaftliche Thema zu entwickeln.

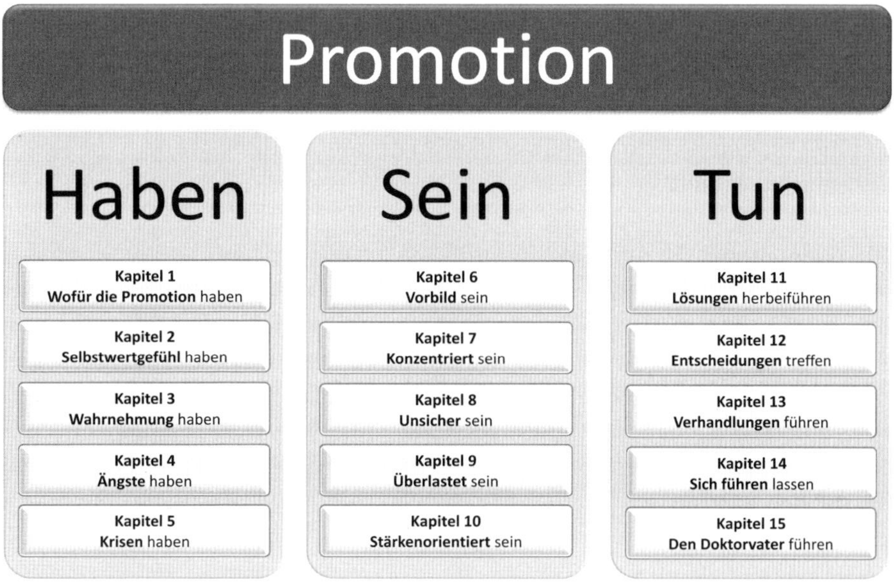

Die drei Säulen dieses Buches

Den Beginn eines jeden Kapitels bildet eine Geschichte aus dem Alltag, die das Thema einleitet. Diese Geschichten spielen alle in der gleichen Umgebung eines ingenieurwissenschaftlichen Instituts. Die Protagonistin, die Doktorandin Laura Schilberg, erlebt dort während ihrer Promotion vielfältige Situationen. Auch wenn die erzählten Situationen sicherlich nicht perfekt in jede Promotionssituation passen und der Alltag in der Medizin oder den geisteswissenschaftlichen Fachrichtungen anders aussieht, und auch wenn sich Promotionen, die im Rahmen einer Anstellung als wissenschaftlicher Mitarbeiter erfolgen, von externen Promotionen unterscheiden, sind die Themen aus unserer Sicht letztlich die gleichen. Allein die Intensitäten mögen sich unterscheiden. Die Geschichten beruhen auf wahren Begebenheiten, wurden jedoch, um ihr jeweiliges Thema hervorzuheben, zum Teil etwas überspitzt formuliert. Die Namen der Personen, akademische Titel und Funktionsbezeichnungen wurden geändert.

Danach folgt jeweils ein „Theorieteil", der wichtige Fakten zum Thema liefert. Da das Buch als Arbeitsbuch gedacht ist, schließt sich hier immer ein Unterkapitel „Anwendung" an, in dem unmittelbar die Umsetzung auf die individuelle Situation des Lesers beginnt. Im nächsten Unterkapitel werden klassische „Herausforderungen" benannt; „Das Wichtigste in Kürze" fasst den Kern des Kapitels noch einmal zusammen. „Reflexionsfragen" beenden jedes Kapitel; mit ihrer Hilfe kann die Umsetzung des Inhalts in die eigene Situation vertieft werden. Nicht alle Reflexionsfragen sind für alle Situationen gleichermaßen geeignet. Wählen Sie die Fragen aus, die Sie im Moment des Lesens besonders interessant finden. Am Ende eines jeden Kapitels haben wir zum Thema eine Liste mit weiterführender Literatur zusammengestellt.

Die Auswahl der Themen in diesem Buch beruht auf jahrelangen Beobachtungen und der jahrelangen Begleitung Promovierender. Wir erheben natürlich keinen Anspruch auf Vollständigkeit, und an der einen oder anderen Stelle fehlt sogar der wissenschaftliche Beleg für die Wirksamkeit der von uns vorgeschlagenen Lösungsansätze. Doch aus unserer Erfahrung heraus sind wir davon überzeugt, dass die Ideen für viele Doktoranden nützlich sein können. Mit diesem Buch wollen wir kein Allheilmittel, sondern einen hilfreichen Beitrag liefern.

1. Kapitel:
Wofür Sie *wie* promovieren, ist entscheidend

„Bin ich, was andere mir sagen?
Bin ich, was ich selbst von mir weiß?“
Dietrich Bonhoeffer

* * *

1.1 Über das *Wie* zum *Was*

Lampenfieber ist so eine Sache: Es soll Leute geben, Bühnenschauspieler zum Beispiel, die brauchen es zur besseren Konzentration. Laura war allerdings keine Schauspielerin, sondern eine ganz normale wissenschaftliche Mitarbeiterin, die gerade promovierte. Und an jenem Tag stand ein Promotionsgespräch bei ihrem Doktorvater Professor Cornelius an. Da der Professor seine Promotionsgespräche grundsätzlich bei sich zu Hause führte, hatte sie sich pünktlich und gut vorbereitet auf den Weg zu ihm gemacht, doch mit jedem Meter, den sie sich dem Haus von Cornelius näherte, nahm das Lampenfieber zu. Laura hasste das! Als sie vor der großen, schweren, hölzernen Haustür stand, fühlte sie sich wie eine Hürdenläuferin vor dem Finale der Olympischen Spiele. Die Anspannung hätte größer nicht sein können. Noch dazu knurrte Lauras Magen lautstark. Die junge Doktorandin hatte seit dem Vormittag nichts mehr gegessen, aber sie hätte sowieso keinen einzigen Bissen runtergebracht. Sie fühlte ihren Herzschlag, der noch schneller wurde, als sie den gusseisernen Klingelknopf drückte und das dumpfe „Ding Dong“ im Inneren des Hauses hörte.

„Ja bitte?“, ertönte gleich eine ziemlich helle, aber sehr klare Stimme. Die gehörte Professor Cornelius und passte zu dessen Typ wie die Faust aufs Auge. Laura war erst seit ein paar Monaten am Institut angestellt und kannte den Professor noch nicht so gut. „Live“ hatte sie ihn nur einmal erlebt, im Bewerbungsgespräch, als einen eher ruhigen, sachlichen Herrn mittleren Alters. „Mit Temperament ist der Mann nicht unbedingt gut ausgestattet“, hatte Laura damals gedacht. Irgendwie farblos und für Laura überhaupt nicht greifbar.

„Hier ist Laura Schilberg!“, antwortete Laura artig und beugte sich dabei ein bisschen vor, um besser von der Sprechanlage wahrgenommen zu werden.

„Ah ja, einen Moment bitte!“, antwortete die Stimme. Laura nahm ihre Nervosität deutlich wahr; ihre feuchten Hände waren ein sicheres Indiz. Vom Kloß im Hals ganz zu schweigen. Sie war gespannt, wie es laufen würde und ob sie heute ein besseres Bild von ihrem Doktorvater bekäme. „Reiß dich zusammen, was kann schon passieren!“, versuchte sie sich selber zu beruhigen. Schließlich hatte sich Laura intensiv im Vorfeld des Gesprächs

mit ihrer Promotion beschäftigt, ein Buch über das Promovieren gelesen und die Promotionsordnung studiert. Sie kannte den Ablauf und die Regeln des Verfahrens im Detail. Zum Inhalt ihrer Promotion hatte sie ein Thesenpapier verfasst und noch am Vortag eine ganze Stunde lang am Text gefeilt. Was hätte sie mehr tun können? Und trotzdem war sie unglaublich nervös!

Professor Cornelius öffnete die Tür. „Guten Tag, Frau Schilberg!", begrüßte er Laura freundlich und reichte ihr die Hand. „Schön, dass Sie da sind. Bitte, kommen Sie doch herein!"

Der Professor trug an diesem Abend keinen Anzug, wie sonst im Institut, sondern war ganz leger gekleidet. Wie Laura auch. Er trug eine etwas betagte Jeans und einen grauen Pullover.

„Guten Abend, Herr Professor Cornelius!"

Artig und ganz Gentleman trat Professor Cornelius einen Schritt zurück und bat Laura mit einladender Geste herein. Er nahm ihr den Mantel ab, hängte ihn in die Garderobe und führte sie durch das große Wohnzimmer mit den vielen alten Jugendstilmöbeln in den Wintergarten.

„Bitte setzen Sie sich, Frau Schilberg!", sagte Professor Cornelius und deutete mit einer Handbewegung auf einen der voluminösen Sessel.

„Danke!", antwortete Laura und ließ ihren Blick ein wenig umherschweifen. Ihr Blick fiel durch die großen Glasscheiben hinaus in den sehr gepflegten Garten mit dem großen Teich.

„Möchten Sie auch etwas trinken?"

„Ja gerne! Ein Glas Wasser bitte", hörte Laura sich sagen und saß ziemlich verspannt in einem der erstaunlich bequemen Sessel. „Ist ja richtig nett hier", dachte sie sich. Professor Cornelius ging in Richtung Küche, um die Getränke zu holen, Laura legte ihren Hefter auf den Couchtisch und drehte ihn gleich so, dass er für Professor Cornelius von der anderen Seite des Tisches lesbar war.

Cornelius kam mit einem Tablett zurück und füllte zwei Gläser mit stillem Mineralwasser. Daneben stellte er eine Schale Cracker und eine Schale Obst. „Greifen Sie zu, wenn Sie mögen!", ermunterte er sie und deutete mit der rechten Hand auf die gläsernen Schalen. Ganz langsam ließ Lauras anfängliche Nervosität nach. Da sie einen Bärenhunger hatte, ließ sie sich das nicht zweimal sagen und griff beherzt zu den Crackern. Cornelius setzte sich auf den gegenüberliegenden Sessel, nahm ebenfalls einen Cracker und lehnte sich entspannt zurück. Lächelnd und mit freundlicher Stimme fragte er im Plauderton: „Wie geht es Ihnen, Frau Schilberg?"

„Ich habe die letzten Tage viel an meinem Thesenpapier gearbeitet", antwortete Laura kompakt. „Ich denke, ich weiß jetzt, welches Thema geeignet ist."

Der Professor schaute Laura für einen Moment schweigend, aber mit einem netten und beruhigenden Lächeln an. Dann fragte er nach einem weiteren Moment und immer noch lächelnd: „Und wie geht es Ihnen?“

„Äh ..., gut!“, meinte Laura mit ehrlichem, aber leicht verzagtem Tonfall. Ein bisschen verwundert war sie schon über die Reaktion ihres Doktorvaters. Denn die war alles andere als sachlich und nüchtern und brachte die junge Frau ein wenig aus dem Konzept.

„Das freut mich!“

„Nach dieser Begrüßungsfloskel kann es dann ja endlich einmal losgehen“, dachte sich Laura. Sie saß schon auf heißen Kohlen und konnte es fast gar nicht mehr erwarten, loszulegen. In der Hoffnung, ihre Gedanken dabei etwas sortieren zu können, nahm sie einen kräftigen Schluck Wasser. Während sie trank, schaute sie ihren Professor an. Die Blicke der beiden trafen sich. Freundlich und offenbar mit der Welt zufrieden, lächelte Cornelius seine Doktorandin an. Laura stellte ihr Glas wieder ab. „Jetzt aber“, dachte sie sich und nahm ihre Unterlagen zur Hand.

„Nach dem Stand der Technik gibt es niemanden, der bislang ...“ Laura begann ihren Vortrag, indem sie den Kern ihres Thesenpapiers ausführlich erläuterte. Professor Cornelius hörte der jungen Frau aufmerksam zu. Das konnte man an seinem Mienenspiel erkennen. Mal nickte er zustimmend, dann schaute er wieder kritisch drein. Mit einem leichten Hin- und Herschütteln seines Kopfes gab er zu erkennen, dass er in manchen Punkten anderer Meinung zu sein schien. In jedem Fall folgte der Professor dem detailreichen Vortrag, der mit Fachvokabular, ordentlich recherchierten Daten, Zahlen und Fakten gespickt war.

Als Laura geendet hatte, war sie zunächst einmal zufrieden mit sich und ihrer Leistung. Die anfängliche Nervosität hatte sich verflüchtigt, doch nun stieg bei ihr die Spannung. Vor allem, als Professor Cornelius nach einigen Augenblicken zu einer Frage ansetzte. Laura schärfte ihre Aufmerksamkeit. Schließlich wollte sie die Frage zu ihrem Thesenpapier sachlich einwandfrei und gekonnt beantworten. Mit Spannung erwartete die junge Doktorandin die erste Frage ihres Professors. „Wo wird er zuerst nachhaken?“, fragte sich Laura. Welches Detail würde sich ihr Doktorvater wohl aussuchen? Sie schaute ihn mit großen, erwartungsvollen Augen an.

„Und was ist Ihnen wichtig?“, fragte Professor Cornelius sehr ruhig mit einem charmanten Lächeln. „Ich meine, in unserem Gespräch?“

„Dass ich die Problemstellung exakt kenne, wenn wir nachher fertig sind“, antwortete die Doktorandin wie aus der Pistole geschossen. „Insbesondere bei der Frage, was später die Messungen angeht.“ Laura begann einen weiteren, sehr detailreichen Vortrag und erläuterte drei Varianten

potenzieller Vorgehensweisen, die sie jeweils mit Pros und Contras sehr ausführlich bewertete. Professor Cornelius hörte erneut aufmerksam und interessiert zu. Der erfahrene Hochschullehrer vermied es, seine Doktorandin zu unterbrechen, und wartete geduldig, bis sie eine Denkpause einlegte. Auch wer nur redet, muss mal nachladen.

„Wie gehen Sie eigentlich mit Druck um, Frau Schilberg?“, fragt Professor Cornelius. Laura war ein bisschen verwirrt. Was sollte diese unsachliche Anmerkung?

„Wie bitte?“, fragte Laura nach und wollte sich vergewissern, dass sie sich nicht verhört hatte.

„Mich interessiert, wie Sie mit Druck umgehen, Frau Schilberg!“

„Naja, wenn ich Druck habe, dann suche ich verschiedene Lösungen und wähle die beste aus“, antwortete Laura knapp. „Aktuell ist dies für mich zum Beispiel die Frage: Welche Problemstellung ist für meine Dissertation die beste?“

Laura schaute ihren Doktorvater an, und dieser erwiderte den Blick. Und plötzlich stellte sich eine Pause ein, diese berühmte Stille, in der man eine Stecknadel fallen hört. Die Doktorandin wusste nun gar nicht mehr, was Sache war. Cornelius saß seelenruhig da und lächelte nur. „Offenbar denkt er über die Varianten nach“, interpretierte Laura die Situation und sah den Professor erwartungsvoll an. Wieder folgten einige Augenblicke quälender Stille.

„Wo waren Sie eigentlich im Sommerurlaub?“, fragte der Professor, griff erneut in die Cracker, lehnte sich in aller Ruhe zurück und genoss das Salzgebäck. Dabei sah er Laura fragend an. Die verlor nun komplett den Faden.

„Wie bitte?“, fragte sie erneut.

„Wo waren Sie im Sommerurlaub?“

Laura hatte sich also nicht verhört. „Jetzt will der auch noch wissen, wo ich meine Ferien verbracht habe“, dachte sie perplex. „Ja, hat der sie noch alle?!“ Die anfängliche innere Spannung war plötzlich wie weggeblasen und damit auch das Stresspotenzial, das ihre Dissertation erzeugt hatte. Laura fühlte sich innerlich viel ruhiger und cooler, war aber genervt. Sie erzählte Professor Cornelius also von ihrem Urlaub. Irgendwie passte es ihr nicht, aber letztlich zeigte der Smalltalk seine Wirkung. Natürlich beschränkte sich Laura nur auf die Eckdaten. Schließlich war sie hier nicht auf einer privaten Fete, und ihr gegenüber saß keine gleichgesinnte kichernde Freundin mit einem Cocktail in der Hand.

„Schön“, antwortete Cornelius. Sein Gesichtsausdruck ließ unschwer erkennen, dass ihn der Urlaubsbericht seiner Doktorandin tatsächlich interessierte. „Und was haben Sie in den zwei Wochen am meisten genossen?“

„Zeit zu haben!“, antwortete Laura spontan. „Endlich einmal Zeit zu haben. Wissen Sie, ich habe ja im Urlaub die ganze Literatur für den Stand der Forschung gelesen und dieses Thesenpapier geschrieben. Das war sehr interessant. Insbesondere die Erkenntnis, dass …“

Geschickt und bewusst hatte Laura wieder aufs eigentliche Sachthema gelenkt und ging ins Detail ihrer Arbeit. Sie setzte mit ihren Erkenntnissen zum Stand der Forschung verschiedener Forschungsgruppen in der Welt fort und monologisierte über die Unterschiede der wesentlichen Publikationen.

„Was denken Sie, welche Gruppe führend ist?“, fragte Laura schnell, nachdem sie ihren Vortrag beendet hatte, damit der Professor keine Pause für eine erneute Frage hatte, die eventuell wieder weg vom Thema führen konnte.

„Waren Sie allein im Urlaub?“, fragt Cornelius dennoch, ihre Frage ignorierend.

„Nein, mit meinem Freund!“, antwortete Laura zunehmend genervt, gab sich aber alle Mühe, dass der ungehaltene Unterton nicht zu hören war.

„Und was hat der gemacht, während Sie gearbeitet haben?“

„Er war wandern.“

„Und wie fand er es, alleine zu wandern?“ Cornelius schaute Laura an, als wenn er Mitleid mit ihrem Freund hätte. Diese Frage passte Laura nun gar nicht und sie wurde ein wenig ungehalten. Sie konnte ja wohl kaum zu ihrem Professor sagen, dass genau dies ein leidiges Dauerthema des Urlaubs gewesen war. Dreimal hatte sie mit ihrem Freund Benjamin deswegen gestritten.

„Er fand es zwar nicht so toll, aber letztlich war es okay für ihn“, antwortete Laura kurz angebunden und schaute demonstrativ auf die Uhr. Es waren bereits 20 Minuten des für eine Stunde angesetzten Gesprächs vergangen. Laura wurde ungeduldig und kribbelig. Sie versuchte, ihre Unruhe so gut wie möglich zu verbergen, aber ihr Hin- und Herrutschen auf dem Sessel verriet sie.

„Toll, wenn Sie das mit Ihrem Freund im Konsens so hinbekommen. Er ist offenbar sehr tolerant“, bemerkte der Professor. Seine Stimme war voller Anerkennung. Das verstärkte das schlechte Gewissen, das Laura ihrem Freund gegenüber hatte. „Was ist denn für Ihren Freund nicht verhandelbar? Wo ist sein Limit?“

„Jetzt reicht es“, dachte sich Laura. Das ging nun doch zu weit. Unter ihre Ungeduld mischte sich nun auch ein bisschen Wut. „Was sage ich jetzt nur?“, dachte sie und griff nach dem Wasserglas. Um Zeit zu gewinnen.

„Herr Professor Cornelius, ich dachte, wir reden über meine Promotion?“

„Wir sind mittendrin, über Ihre Promotion zu sprechen.“

„Ach ja?“

„Ja!" Cornelius beugte sich nach vorne und grinste spritzbübisch über seine randlose Brille hinweg. Er sah Laura in die Augen und begann zu erzählen: „Damals, als ich habilitierte, war ich frisch verheiratet und saß jeden Abend und an den Wochenenden schreibend vor dem Rechner. Da fragte mich meine Frau, was denn für mich das Wichtigste an unserem Leben sei."

„Was haben Sie ihr geantwortet?"

Cornelius schmunzelte. „Ich sagte in Gedanken und ohne den Blick vom Monitor zu nehmen: ‚Dass wir uns nicht trennen, bis einer von uns stirbt.'"

„Was hat Ihre Frau darauf geantwortet?"

„Sie fragte: Und zwischen jetzt und der Beerdigung?", antwortete Cornelius und schmunzelte wieder. „An diesem Abend konnte ich keine Zeile meiner Habilitation mehr schreiben. Ich war über mich selber erschrocken!"

Es wurde still im Wintergarten. Laura schaute ihren Professor an und blickte in ein lächelndes, schmunzelndes Gesicht. Dann fiel bei ihr der Groschen. Sie hatte verstanden, was ihr Doktorvater mit dieser kurzen Anekdote sagen wollte. Laura schüttelte den Kopf und musste lachen.

„Sie meinen, es geht bei einer Promotion nicht nur um den Inhalt, sondern auch darum, wie man diese Phase seines Lebens bewusst gestaltet?"

Der Professor nickte. „Genau! Meine Fragen zielten auf das, was Ihnen im Leben wichtig ist. Ihr Wofür! Und deshalb werden wir in jedem Betreuungsgespräch über beides sprechen."

Laura lachte wieder und schüttelte den Kopf. „Wie konnte ich über die Promotion vergessen, dass es noch andere Dinge gibt, die ich brauche?!" Dann setzten beide das sachliche Gespräch mit Zahlen, Daten und Fakten in sehr angenehmer und entspannter Atmosphäre fort.

***

1.2 Theorie

Wofür ist dieses Kapitel gedacht? Wissenschaftliches Arbeiten bedeutet Konzentration auf den Inhalt. Typische Fragen beim Alltag des wissenschaftlichen Arbeitens sind: Was messe ich? Was ist die Bedeutung des Ergebnisses? Was ist der richtige Lösungsansatz? Was ist der Stand der Wissenschaft? Was ist die wissenschaftliche Hypothese? Welche wissenschaftliche Methode wähle ich? All diese Fragen zielen auf den Inhalt. Der Inhalt wissenschaftlicher Arbeit ist natürlich sehr wichtig und in der Regel sogar das einzige Maß für die Bewertung von Dissertationen.

Falls Sie erwägen, Ihre Promotion abzubrechen, überlegen Sie, wofür Sie begonnen haben

Was wirkt jedoch auf die meisten Menschen motivierend? Die Bedürfnisse, die hinter dem stecken, was Menschen tun. Man könnte auch sagen: Entscheidend für die Motivation ist, *wofür* Menschen etwas tun! Neben der Strategie, etwas zu tun, um etwas Bedürfnisbefriedigendes zu erreichen, gibt es auch die Variante, etwas zu tun, um etwas Bedürfnisschädigendes zu vermeiden.

Was bringt Sie dazu zu promovieren? Was ist Ihr Bedürfnis dahinter? Oder anders gefragt: *Wofür* promovieren Sie? Manche Doktoranden promovieren, um zu forschen, manche, um mit einem Doktortitel Karriere zu machen und um bei der Karriere nicht im Nachteil anderen gegenüber zu sein. Andere promovieren, um sich zu beweisen, dass sie es können, um sich später nicht vorwerfen zu müssen, es nicht versucht zu haben, oder einfach, weil in der Familie seit eh und je alle promoviert haben und es einfach dazugehört. Darüber hinaus gibt es noch Hunderte – aus Sicht der jeweiligen Person – gute Gründe für eine Promotion.

Was also ist Ihr *Wofür*?

Dies muss vor dem Beginn einer Dissertation unbedingt hinterfragt werden. Wenn man später in schwierige Phasen der Promotion gerät, ist es in der Regel das *Wofür*, das über Durchbeißen oder Abbrechen mitentscheidet. Sollten Sie sich bereits für eine Promotion entschieden haben, können Sie anhand dieses Kapitels Ihre Wahl reflektieren. Auch dies könnte nützlich sein. Falls Sie im Laufe Ihrer Promotion einmal mit den Gedanken spielen, Ihre Promotion abzubrechen, fragen Sie sich, *wofür* Sie begonnen haben!

Über das *Wie* zum *Was*

Die Verbindung zwischen „*Wofür* Sie promovieren" und über welchen Inhalt, also über „*Was* Sie promovieren", bildet das *Wie*. *Wie* wollen Sie promovieren? Im Sinne von: Unter welchen Randbedingungen? Haben Sie hier ein klares Bild? Nur wenn Sie eines haben, können Sie Ihre Promotion gestalten, indem Sie z. B. ein Institut wählen, das die für Sie passenden Randbedingungen bietet. Brauchen Sie intensiven Kontakt zum Professor? Möchten Sie ein familiäres Klima oder eher das anonyme Klima einer schlagkräftigen, oft weltweit renommierten Großorganisation? Promovieren Sie lieber ohne

Bindung an ein Institut, z. B. als externer Doktorand? Solche Fragen sind zu klären. In der Folge werden Sie seltener in schwierige Situationen geraten und während Ihrer Promotion stets leichter am Ball bleiben.

Der Inhalt Ihrer Doktorarbeit wird über die Zeit der Promotion an Umfang zulegen. Wie ist es aber mit dem *Wie* und dem *Wofür*? Sie werden, wenn Sie sich mit diesem Buch beschäftigen, immer genauer wissen, *wie* Sie erfolgreich promovieren können.

Das Fundament des Wachstums Ihrer Promotion ist Ihr eigenes Wachstum

Neben dem *Wofür* und dem *Wie* Ihrer wissenschaftlichen Arbeit gibt es natürlich den Inhalt der Arbeit, das *Was*. Die Gutachter Ihrer Dissertation werden sich im Wesentlichen auf das *Was* beziehen. Das Fundament des Wachstums Ihrer Promotion ist Ihr eigenes Wachstum; eine Promotionsschrift wächst, während sie verfasst bzw. ihr Inhalt erzeugt wird, mit Ihnen. Während der Dissertation werden immer wieder Widerstände auftreten, die überwunden werden müssen. Dabei bilden sich Ihr eigener Arbeitsstil und Ihre Kompetenzen zur Bewältigung von Widerständen aus. Das bedeutet, dass auch das *Wie* der Promotion wächst. Das *Wofür* als zentraler Motivator sollte idealerweise über die Zeit der Promotion auch mitwachsen, damit Sie bei Widerständen am Ball bleiben.

Was denken Sie, wie oft Sie von Doktoranden in schwierigen Phasen den Satz hören könnten: „Ich würde die Promotion ja am liebsten hinschmeißen, dann wären aber die vergangenen Jahre verloren – deshalb muss ich das jetzt durchziehen!"? In solchen Fällen liegt der Verdacht nahe, dass es nie ein *Wofür* gab oder derjenige sich sein *Wofür* hat nehmen lassen. Die Promotion in unserem Sinne ist nicht das am Ende fertiggestellte Buch, sondern die Zeit der Erstellung, an der Sie als Person wachsen. Das Wachstum von *Wofür*, *Wie* und *Doktorarbeit* ist in der folgenden Abbildung dargestellt. Ihr *Wofür* bildet das Wurzelwerk, das *Wie* den Stamm und Ihre Kompetenzen sind die wachsende Krone des Baumes. Dieser Baum trägt später Früchte, Ihre Dissertation.

Zur Konzeption Ihrer Dissertation möchten wir Ihnen ans Herz legen, gleich zu Beginn darüber nachzudenken, wofür Sie promovieren möchten und wie Sie promovieren möchten. Ideal wäre es, diese Überlegung von Zeit zu Zeit zu wiederholen, denn Sie werden sich im Laufe der Promotion verändern, und deshalb ändern sich auch die Antworten auf das *Wie* der Randbedingungen und das *Wofür* der Doktorarbeit mit der Zeit.

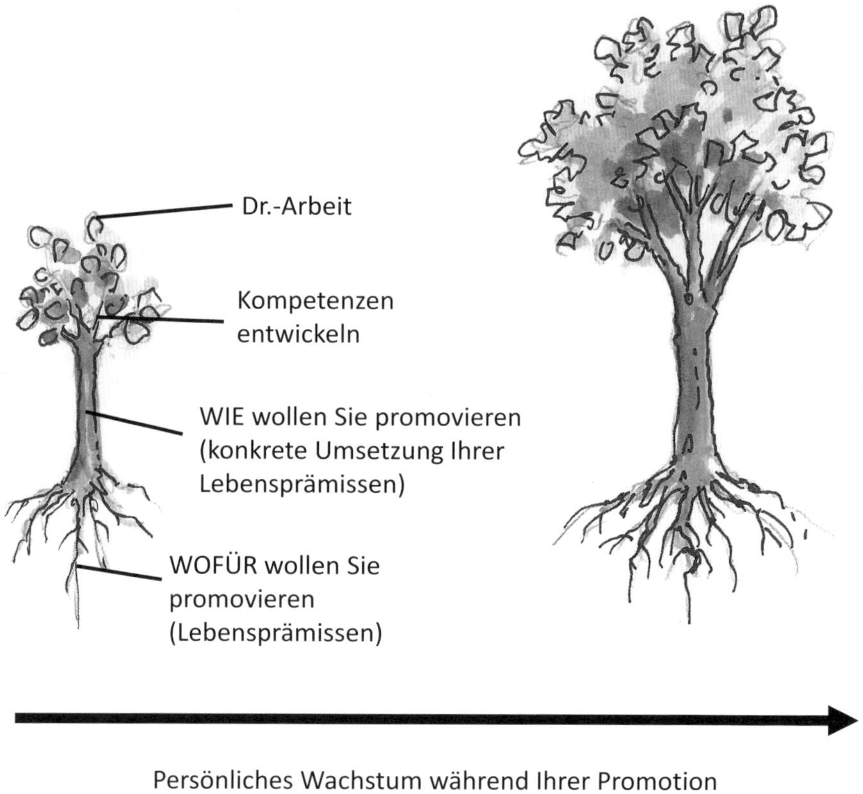

Baum-Metapher

Auf diese Weise können Sie Ihre persönliche Entwicklung verfolgen. Sie stellen z. B. leichter fest, wenn sich Ziele in Ihrem Leben verändern. Dies ist über die Dauer einer Promotion jedenfalls nicht ungewöhnlich.

Das Wertesystem nach Häusel

Eine wichtige Basis für das eigene *Wofür* sind die eigenen individuellen Lebensprämissen, die oft auch „Werte" genannt werden. Das sind die Dinge, die Ihnen existenziell wichtig sind.

Häusel [1] leitet dazu her, dass es drei Bereiche gibt, die allen Menschen wichtig sind. Er nennt diese Bereiche die drei großen Emotionssysteme „Stimulanz", „Dominanz" und „Balance":

- „Stimulanz“ bedeutet hier: Entdeckungen machen, neue Dinge probieren, z. B. die Forschung vorantreiben.
- „Dominanz“ bedeutet hier, im Wettbewerb zu bestehen, z. B. mit dem Doktortitel im beruflichen Fortkommen einen Vorteil zu erzielen. Selbstbestimmt zu sein und eigene Entscheidungen zu treffen ist in diesem Sinne Dominanz.
- „Balance“ bedeutet Stabilität und Sicherheit, z. B. die Sicherheit, die Promotionszeit erfolgreich zu absolvieren.

Diese drei Systeme spannen eine Fläche auf, in der Lebensprämissen eingeordnet werden können. Dies verdeutlicht die nächste Abbildung.

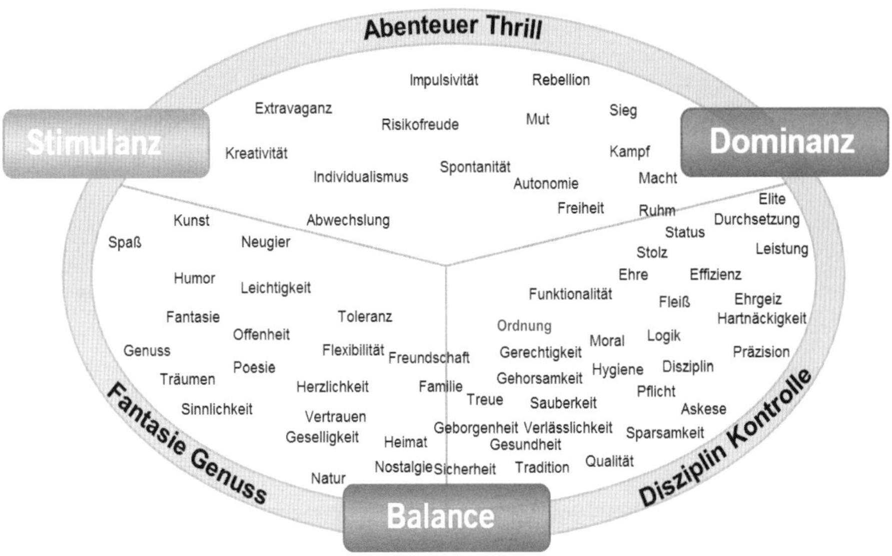

Wertesystem nach HÄUSEL

Mit geringer Distanz zu Balance finden sich die Lebensprämissen Sicherheit, Geborgenheit oder Heimat. Mit geringer Distanz zu Dominanz finden sich die Lebensprämissen Macht, Elite oder Durchsetzung. Kreativität, Neugier und Humor finden sich nahe an Stimulanz. Weitere Lebensprämissen sind entsprechend ihrem Bezug zu den drei großen Emotionssystemen auf der Fläche angeordnet.

Alle Emotionssysteme sind bei jedem Menschen vorhanden, aber unterschiedlich stark ausgeprägt. Demnach sind für verschiedene Menschen verschiedene Lebensprämissen unterschiedlich bedeutend.

Jedes der drei Systeme ist jedoch wichtig und sollte in ausgewogener Weise Teil des Lebens sein. Was würde passieren, wenn Sie an Ihrer Arbeit nie Spaß hätten (Stimulanz)? Niemals einen Sieg davontragen würden (Dominanz)? Sich Ihres Jobs permanent unsicher wären (Balance)? Es ginge Ihnen damit sicher nicht gut. So wie es bei Laura zu Beginn in der Einstiegsgeschichte der Fall war.

Der Verlauf der Promotionszeit in Bezug auf Kompetenz und Engagement ist individuell verschieden. Je stärker Sie Ihren Lebensprämissen folgen können, umso leichter wird es Ihnen fallen, sich stark zu engagieren und dabei kompetent zu werden. In der folgenden Abbildung sind einige einerseits nicht ganz ernst gemeinte, andererseits jedoch oft beobachtete Varianten dargestellt.

- Der „Berauschte" ist permanent von Beginn der Promotion an hoch engagiert und wächst stetig in der Kompetenz. Er würde immer sagen: „Es ist einfach nur geil!" Dieses Modell wird hin und wieder beim Beginn einer Promotion erwartet, trifft aber selten zu.
- Der „Realist" weiß, dass das Leben und damit wohl auch die Promotion Höhen und Tiefen hat. In den Tiefen erfährt er Widerstände, überwindet sie aber nach dem Motto: „Ich weiß ja, dass es auch wieder bergauf geht!"
- Der „Stimmungsschwanker" lässt sich schnell beeinflussen und rauscht zwischen „himmelhoch jauchzend" und „zu Tode betrübt" hin und her. Kennen Sie so jemanden?
- Der „Durchquäler" startet engagiert, baut jedoch mit der Zeit ab und beendet die Promotion mit „Hängen und Würgen". Sein Kommentar: „Ich muss ja jetzt durchhalten, sonst wäre die bisherige Investition in meine Promotion umsonst gewesen."
- Der „Statustyp" will den Titel und promoviert nach dem Minimax-Prinzip: minimaler Aufwand für maximale Ausbeute.

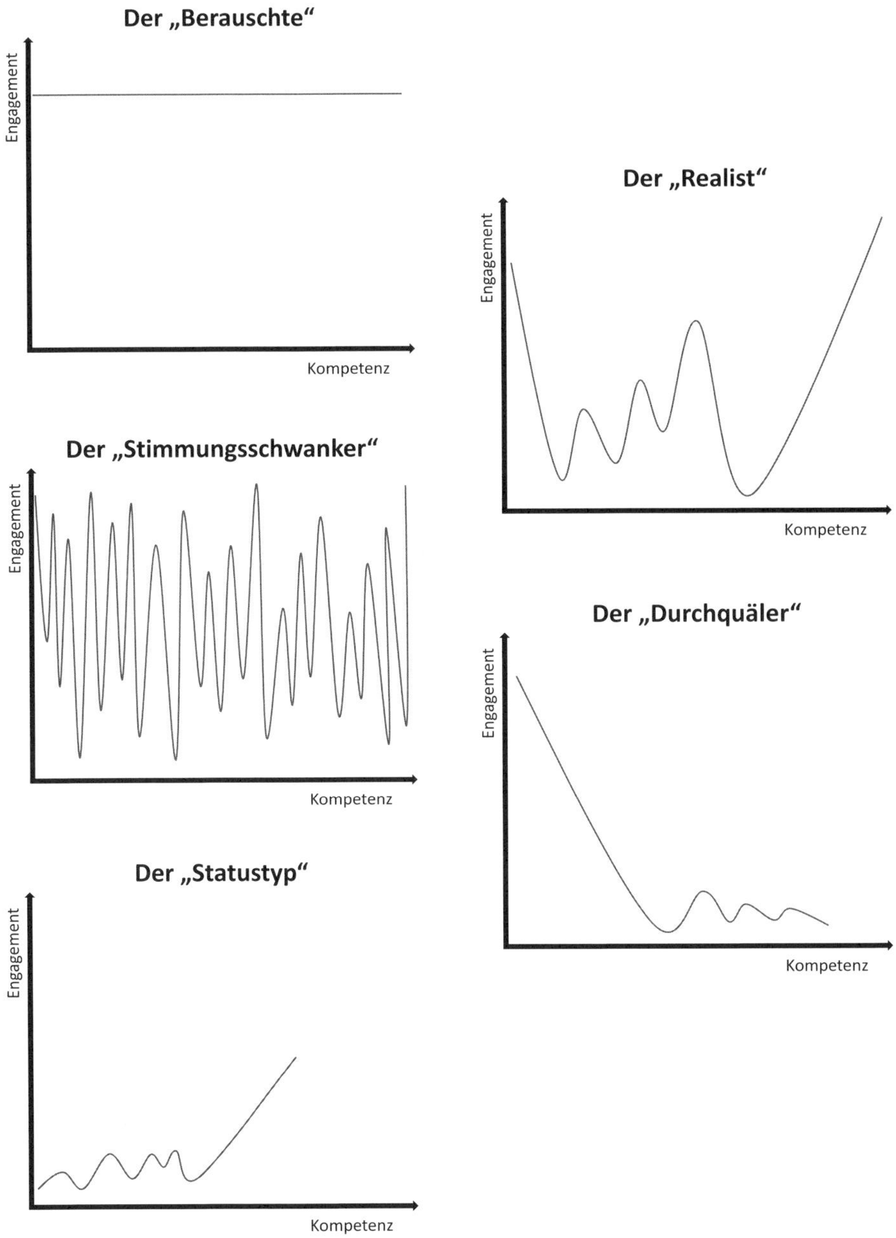

Verschiedene Typen von Promovierenden

1.3 Anwendung

Versetzen Sie sich in die Situation nach der Doktorprüfung. Hier gibt es oft eine Laudatio der Kollegen. Was würden Sie dort gerne über sich hören? (Es geht um Ihr *Wofür*!)

Versetzen Sie sich in die Situation nach der Promotion und schreiben Sie einen Dankesbrief an Ihren Doktorvater. Für was würden Sie sich gerne bedanken? Machen Sie sich klar, für welches *Wie* Sie danken möchten.

Fragen Sie Freunde und Kollegen, wie eine ideale Promotionsstelle für Sie aussehen müsste. Notieren Sie die Antworten.

Welchen Preis sind Sie nicht bereit, für die Promotion zu bezahlen? Welche Kompromisse können Sie nicht machen? Was könnte für Sie unverhandelbar sein?

Lebensprämissen sind die Dinge, die Sie für sich als Voraussetzungen für ein erfülltes, erfolgreiches Leben gesetzt haben. Die folgende Liste erhebt keinen Anspruch auf Vollständigkeit.

Wählen Sie daraus Ihre 5 wichtigsten Lebensprämissen. Suchen Sie deren Position in der Darstellung des Wertesystems nach HÄUSEL (s.o.). Ergänzen Sie ggf. weitere Lebensprämissen, die in der Darstellung von HÄUSEL fehlen.

Extravaganz
Kreativität
Individualismus
Abwechslung
Impulsivität
Risikofreude
Spontanität
Rebellion
Mut
Autonomie
Freiheit
Sieg
Kampf
Macht
Ruhm
Status
Elite
Durchsetzung
Leistung
Stolz
Ehre
Effizienz

Fleiß
Hartnäckigkeit
Logik
Moral
Präzision
Disziplin
Pflicht
Askese
Sparsamkeit
Qualität
Tradition
Geborgenheit
Gesundheit
Funktionalität
Ordnung
Gerechtigkeit
Gehorsamkeit
Hygiene
Freundschaft
Familie
Heimat
Nostalgie

Toleranz
Flexibilität
Herzlichkeit
Vertrauen
Geselligkeit
Natur
Neugier
Leichtigkeit
Offenheit
Poesie
Sinnlichkeit
Träumen
Genuss
Fantasie
Humor
Kunst
Spaß
Treue
Sauberkeit
Verlässlichkeit
Ehrgeiz
Sicherheit

Wie leben Sie Ihre Lebensprämissen konkret? Was bedeutet das für Ihre Promotion?

Fragen Sie in Ihrem Umfeld nach Ihren Stärken und Schwächen. Überlegen Sie, was dies für Ihr *Wofür*, *Wie* und *Was* bedeutet.

Erzählen Sie Freunden oder Bekannten, *wofür* Sie promovieren! Beobachten Sie die verschiedenen Reaktionen und notieren Sie, was Ihnen dabei aufgefallen ist.

1.4 Herausforderungen

- Es ist herausfordernd, die Stimmigkeit von *Inhalt der Doktorarbeit*, *Wie* und *Wofür* herzustellen. Oder anders ausgedrückt: *Ihre Doktorarbeit*, *wie* Sie arbeiten und leben und *wofür* Sie promovieren, müssen zusammenpassen.

- Ein Ansatz dazu wäre, eine Ihrem *Wofür* entsprechende Umgebung aufzusuchen. Dazu müssen Sie sich zunächst Ihres *Wofür* bewusst werden.

- ☐ Stellen Sie sich vor, Sie wüssten genau, *wofür* Sie promovieren wollen – z. B. um ein bestimmtes Medikament für eine bislang unheilbare Krankheit zu erfinden –, und ein Institut bietet Ihnen diese Möglichkeit. Nun besuchen Sie das Institut und stellen fest, dass die Umstände, unter denen Sie arbeiten müssten (das *Wie*), Ihnen gar nicht passen. Wäre Ihr *Wofür* ausreichend stark, um mit dem *Wie* zurechtzukommen?

- ☐ Abschließend eine Bemerkung für die Perfektionisten unter den Lesern dieses Buches: Die Stimmigkeit von *Doktorarbeit*, *Wie*, *Wofür* und Ihren Stärken gelingt nie in absoluter Perfektion. Gestalten Sie die Widerspruchsfreiheit so gut Sie können.

1.5 Das Wichtigste in Kürze

Überlegen Sie sich, *wofür*, *wie* und über *was* Sie Ihre *Doktorarbeit* schreiben möchten!

Holen Sie sich Feedback zu Ihren Stärken!

Machen Sie sich Ihre Lebensprämissen bewusst!

Besprechen Sie Ihr *Wofür*, *Wie* und *Was* mit Ihrem Professor!

Ihr *Wofür* entscheidet über die Energie, die Sie aus sich selber mobilisieren können. Die zu Ihrem *Wie* passenden Randbedingungen helfen Ihnen, Energie zu sparen, um diese in das *Was*, die Wissenschaft, zu investieren.

1.6 Reflexionsfragen

- ☐ Was machen Sie, wenn Sie keine Anerkennung von Ihrem Professor bekommen?

- ☐ Wann vergeht die Zeit wie im Fluge?

- ☐ Welche Vorbilder inspirieren Sie und warum?

- ☐ Haben Sie ein Vorbild oder einen Maßstab, an dem Sie sich messen?

- ☐ Was brauchen Sie zum erfolgreichen Promovieren?
- ☐ Wie würden andere Personen beschreiben, was Sie brauchen?
- ☐ Was bedeutet Ihre Dissertation für Ihre Eltern?
- ☐ Auf wen hat Ihre Dissertation Auswirkungen?
- ☐ Wozu wollen Sie Ihre Doktorarbeit einsetzen?
- ☐ *Wofür* stehen Sie?
- ☐ Woran würden Sie im Nachhinein merken, dass Ihre Promotionszeit ein Erfolg war?

1.7 Literatur

[1] Hans-Georg Häusel: *Think Limbic!, Die Macht des Unbewussten nutzen für Management und Verkauf.* Haufe, 2014

Literaturtipps

Simon Sinek: *Frag immer erst, warum: Wie Top-Firmen und Führungskräfte zum Erfolg inspirieren*, Redline Verlag, 2014

Jens-Uwe Martens; Julius Kuhl: *Die Kunst der Selbstmotivierung, Neue Erkenntnisse der Motivationsforschung praktisch nutzen*, Verlag W. Kohlhammer, 2013

Marcus Buckingham; Donald O. Clifton: *Entdecken Sie Ihre Stärken Jetzt, Das Gallup-Prinzip für individuelle Entwicklung und erfolgreiche Führung*, Campus Verlag, 2007

2. Kapitel:
Selbstwertgefühl – Heute schon gelästert?

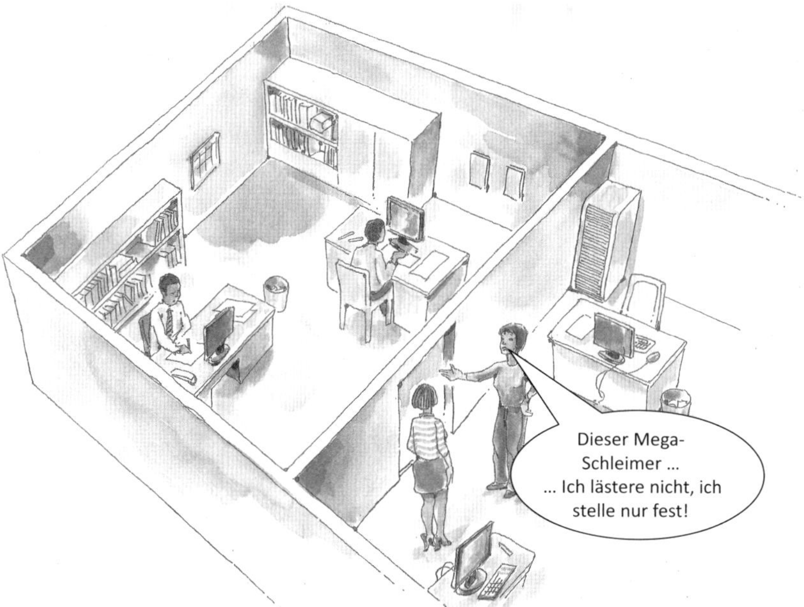

„Selbstwert erkennt sich im kritischen Vergleich.“
Raymond Walden

* * *

2.1 Lästern wirkt auf das Selbstwertgefühl

„Welche Laus ist dir denn über die Leber gelaufen?“, fragte Marie, eine mollige und für ihr loses Mundwerk bekannte Mitarbeiterin des Instituts. Laura kam ihr gerade auf dem Flur entgegen und hatte ein Tempo drauf, dass man meinen könnte, sie wäre auf der Flucht vor irgendwas. In der Tat: Laura flüchtete zwar nicht, aber sie fühlte sich wie ein Hochdruckkessel, der unmittelbar vor der Explosion stand. Das konnte man ihr auch ansehen. Laura ignorierte Marie und antwortete nicht. Marie blieb für einen Moment stehen und schaute ihrer davoneilenden Kollegin verdutzt nach. Sie überlegte einen Moment, drehte um und folgte ihrer Kollegin. Als Marie in den Gang kam, wo Lauras Büro lag, hörte sie noch, wie eine Tür zuknallte. Die junge Frau blieb vor Lauras Büro stehen und klopfte vorsichtig an.

„Ich bin nicht da!“, schrie es von innen. Und das war noch so laut, dass Marie vorsichtshalber einen Schritt zurücktrat. Verständlich, denn Laura drohte ja offensichtlich jeden Moment zu explodieren, und da kann einem schon mal eine Türe um die Ohren fliegen. Marie öffnete vorsichtig dieselbe und trat ein. Und da sah sie ihre Kollegin schon. Wütend und mit einem hochroten Kopf eilte Laura den Schreibtisch entlang hin und her.

„Was ist denn mit dir los?“, fragte Marie besorgt.

„Mit mir ist gar nichts los! Ich bin die Ruhe in Person!“

„Aha?“ Marie schaute fragend.

„Ich wäre gerade eben nur mal wieder fast auf der Schleimspur ausgerutscht, die dieser ..., dieser ..., ich pack den einfach nicht mehr!“

„Wen?“

„Diesen Mega-Schleimer!“, presste Laura wütend hervor. „Ich kann es nicht mehr hören: Ja, Herr Professor. Bitte, Herr Professor. Selbstverständlich mach ich das, Herr Professor. Darf ich Ihnen wieder in den Arsch kriechen, Herr Professor?“

„Ach, den Michael meinst du?“, vermutete Marie und setzte sich auf einen der beiden Stühle. Es reichte ja vollkommen, wenn die schlanke, drahtige Laura hier herumrannte wie von der Tarantel gestochen. Da musste sie nicht auch noch unnötig Kalorien verbrennen. „Hat er seine Nase wieder in Cornelius' Allerwertesten gesteckt?“

„Der ist ja so was von unterwürfig unterwegs, sag ich dir. Wenn der mal seinen Doktortitel hat und Cornelius ihm nicht mehr die Peitsche schwingt, dann braucht der eine gute Domina“, grinste Laura und hatte sich endlich wieder beruhigt. Sie setzte sich ebenfalls auf einen Stuhl, und die beiden jungen Frauen lästerten über ihren Kollegen Michael, was das Zeug hielt.

Jede Schule, jedes Institut, jede Uni, jede Firma hat seine „Radfahrer“ (nach unten treten, nach oben buckeln). Und so hatte auch dieses Institut seinen Michael. Ein ganz besonderer Typ Mensch: Schmierig und aalglatt zu seinen Kolleginnen und Kollegen, mehr als zuvorkommend bei seinen Vorgesetzten. Besonders aber bei Professor Cornelius. Dem las Michael einfach jeden Wunsch von den Augen ab, und noch ehe Cornelius eine Frage gestellt hatte, antwortete Michael mit „Ja“. Kein Wunder, dass er bei den anderen Kollegen nicht ganz so hoch im Kurs stand. Und schon gar nicht bei Laura. Die erzählte ihrer Kollegin auch, welcher Tropfen bei ihr heute Vormittag das Fass zum Überlaufen gebracht hatte:

Wie jeden Freitag saßen die wissenschaftlichen Mitarbeiter bei ihrem Chef, Professor Cornelius, und besprachen die grobe Wochenplanung der kommenden Woche.

„Wer organisiert die diesjährige Fach-Exkursion?“, fragte Professor Cornelius mit einem breiten Grinsen über seinem Gesicht. Sicher hatte er die allgemeine Reaktion genau so erwartet. Denn kaum hatte er seine Frage gestellt, herrschte das berühmte Schweigen im Walde. Die Anwesenden taten entweder so, als hätten sie das gerade nicht gehört, blätterten eifrig in ihren Kalendern oder tippten auf ihren Smartphones herum. Cornelius schaute in die Runde und in die schweigenden Gesichter. „Na, na, na …, nicht gleich alle auf einmal!“ Keiner riss sich um diesen lästigen Job. Aber der musste schließlich auch erledigt werden. Und dann meldete sich Michael. Wie ein kleiner Schuljunge hob er den Finger.

„Ich mach das gerne, Herr Professor!“, bot er freudestrahlend an.

„Sehr schön, Michael!“, bemerkte Cornelius.

„Und ich bekomme das in diesem Jahr sicher noch besser hin als im letzten Jahr!“

„Sehr lobenswert!“, sagte Cornelius zufrieden und vermerkte den Freiwilligen in seinen Unterlagen. Dann wandte er sich der Gruppe zu: „Ich finde das wirklich vorbildlich von Michael. Diese Arbeit ist vielleicht nicht so reizvoll, aber sie ist wichtig. Und sie muss erledigt werden. Da sollten Sie sich an Ihrem Kollegen mal ein Beispiel nehmen!“

„Dieser Schleimer hat sich im Lob gesonnt wie George Clooney bei der Oskar-Verleihung!“, resümierte Laura, nachdem sie ihren Vortrag beendet hatte.

„Du kannst das, was Michael da macht, eigentlich im ‚Journal for Applied Brown-Nosing' publizieren! Dann könnte er bei Cornelius noch besser punkten!", meinte Marie kichernd und es folgten weitere Tiraden abfälliger Lästerei über den Schleimer Michael. Plötzlich ein lautes Klopfen. Laura und Marie drehten sich erschrocken um. Das Geräusch kam aus dem hinteren Eck ihres Büros.

„Hallo?", rief Laura fragend in die Richtung, aus der das Geräusch gekommen war. In diesem Moment richtete sich in der Ecke Herr Mechernich, der Hausmeister, auf. „Sie, Herr Mechernich? Was tun Sie denn hier? Wir haben Sie gar nicht bemerkt."

„Das dachte ich mir!", antwortete Herr Mechernich und lachte über sein rundes Gesicht. Er war immer gut drauf und stets freundlich. Er hielt einen Schraubenschlüssel und eine alte Plastikkanne in die Höhe. „Ich habe die Heizkörper entlüftet!"

„Oh, okay."

Herr Mechernich, ein netter Hausmeister wie aus dem Bilderbuch, packte sein Werkzeug zusammen und kam nach vorne. Er blieb kurz am Schreibtisch der beiden jungen Damen stehen und schaute sie freundlich grinsend an. Dann sagte er zu Laura: „Nichts gibt es doch, was ein Mensch kann machen, worüber andere nicht lästern oder lachen!"

„Wir lästern doch gar nicht. Wir stellen nur fest!", entgegnete Marie, und das klang ein bisschen entschuldigend.

„Ach, Sie stellen nur fest?", wiederholte der Hausmeister. „Sie sind doch beide intelligente und gebildete junge Damen. Worin besteht für Sie der Nutzen, so über Michael zu sprechen?"

„Man wird doch mal lästern dürfen, oder nicht?", verteidigte sich Laura in ziemlich schnippischem und fast arrogantem Unterton. „Das machen doch alle hier im Institut. Manchmal braucht man das, um Luft abzulassen. Und Michael ist ja nun wirklich der Prototyp des Schleimers. Keiner zwingt ihn dazu, Cornelius in den Arsch zu kriechen. Michael hat gute Noten, kennt sich in seinem Fachgebiet aus und schreibt sicher eine gute Dissertation. Er hat das doch gar nicht nötig. Warum macht er das?"

„Warum tut Ihnen Lästern gut?", fragte Herr Mechernich zurück.

„Na ja, weil man das ab und zu …"

„Ab und zu was?", unterbrach sie der Hausmeister. „Warum brauchen Sie es ab und zu, andere Menschen niederzureden? Woran hängt Ihr Selbstwertgefühl, junge Frau?"

Im Raum wurde es plötzlich still. Oh, das hatte gesessen! Laura sagte nichts, und auch Marie schien es für einen Moment die Sprache verschlagen zu haben. Laura dachte sich: „Wegen des guten Gefühls mache ich das.

Wenn ich mich nicht gut fühle, dann lästere ich." Sie dachte darüber nach und fühlte sich in diesem Moment gar nicht gut.

„Wir haben es doch gar nicht so böse gemeint!", sagte die mollige Marie und versuchte die Sache zu glätten.

„Ach so", konterte Herr Mechernich. „Zwei so intelligente Damen ziehen über andere her und sagen Dinge, die sie gar nicht meinen. Wissen Sie was, ich kenn Michael aus dem Sportverein. Also dort ist er überhaupt nicht so, wie Sie es hier am Institut wahrnehmen. Was würden Sie sagen, wenn ich Sie nur aufgrund Ihres Verhaltens der letzten fünfzehn Minuten kategorisiere? So, wie Sie es seit einigen Minuten mit Michael tun! Merken Sie sich: Jeder Mensch hat mehrere Seiten in verschiedenen Lebenslagen!"

Als der Hausmeister gegangen war, schauten sich die beiden jungen Frauen nur wortlos an. Das, was Mechernich ihnen so direkt auf den Kopf zu gesagt hatte, verfehlte seine Wirkung nicht. Gerade noch schnatternd wie zwei aufgebrachte Gänse – und jetzt saßen sie da mit einem Kloß im Hals und brachten kein Wort heraus. Irgendwie hatten die beiden ein richtig schlechtes Gewissen.

***

2.2 Theorie

Selbstwertgefühl – was ist das eigentlich? Selbstwertgefühl ist das, was Sie von sich selbst halten! Oder anders: Selbstwertgefühl ist die Wertschätzung, die Sie sich selbst entgegenbringen. Selbstwertgefühl ist die Basis Ihres Erfolges, also auch Ihres Promotionserfolges.

> *Selbstwertgefühl ist die Wertschätzung, die Sie sich selbst entgegenbringen*

Was sind Sie sich wert? Was halten Sie von sich? Was wird mit Ihrem Selbstwertgefühl geschehen, wenn Sie einmal scheitern? Wann lästern Sie möglicherweise? Für welche schwierige Aufgabe würden Sie sich selbst als Vertreter in eigener Sache wählen? Wenn es darum geht, gute Beziehungen zu Menschen aufzubauen? Wissenschaftlich im Detail zu arbeiten? Sich körperlich fit zu halten? In den Bereichen, in denen Sie sich selber ins Rennen schicken würden, verfügen Sie über ein hohes Selbstwertgefühl.

Bedeutet das nun, dass Sie in den Bereichen, in denen Sie viel von sich halten, wirklich im Vergleich zu anderen überdurchschnittliche Ergebnisse haben? Nein, das bedeutet es nicht. Wo Sie wirklich herausragende Ergebnisse und Fähigkeiten haben, können Sie feststellen, indem Sie sich Feedback aus Ihrer Umgebung holen.

Warum spielt nun das Selbstwertgefühl eine Rolle, wenn es kein verlässlicher Indikator für unsere Stärken ist? Das Selbstwertgefühl wirkt auf viele Bereiche unseres Lebens und ist geradezu ein Quell vieler Emotionen, die scheinbar von außen auf uns einströmen. Gefühle wie Hilflosigkeit, Selbstmitleid, Ärger über sich selber oder andere Menschen, Ängste, wie z. B. die Angst vor negativem Feedback, sind in der Regel Folge des eigenen an bestimmten Stellen noch schwachen Selbstwertgefühls. Decken Sie für sich selber den Tisch so schön wie für Gäste? Tun Sie, was Sie anderen Menschen empfehlen, auch selber für sich? Nehmen Sie Rücksicht auf sich selber, wie Sie es bei guten Freunden tun? Wissen Sie, was Sie an sich schätzen, so wie Sie es von guten Freunden wissen? Diese Fragen zielen auf die Verfassung Ihres aktuellen Selbstwertgefühls.

„Kein Urteil hat weitreichendere Folgen als das, was du über dich selbst fällst. Deshalb ist es wichtig, dass du die Wahrheit über dich kennst“, formuliert der Psychotherapeut Rolf Merkle [1]. Dabei bedeutet Wahrheit in unserem Sinne die Wirkung Ihres Handelns. Schauen Sie sich an, was Ihre Wirkung ist. Was für Feedback bekommen Sie? Was für Ergebnisse haben Sie? Was sind die Ergebnisse, die Sie sich wünschen? Was sind Ergebnisse, die Sie sich nicht wünschen?

Nosce te ipsum[1]: Wie steht es um Ihr Selbstwertgefühl?

Die Beeinflussung Ihres Selbstwertgefühls beginnt also beim Erkennen der eigenen Wirkung. Wie Ihre Wirkung ist, erfahren Sie, indem Sie Fragen stellen. Ein schwaches Selbstwertgefühl führt oft zu Selbstablehnung. „Lehnen wir uns selbst ab, dann interpretieren wir viele Äußerungen und Verhaltensweisen von Freunden und dem Partner als Ablehnung und Kritik.“ Dies ist eine weitere, aus unserer Sicht wichtige Feststellung von Rolf Merkle [1]. Woran aber erkennt man ein schwaches Selbstwertgefühl? An mangelnder Achtsamkeit für sich selber. Symptome mangelnder Achtsamkeit für sich selber sind z. B. beleidigt sein, schlecht reden über

1 Lat.: Erkenne dich selbst

andere (lästern), Eifersucht auf andere, Neid auf andere, Aggressionen gegenüber anderen Menschen oder Ziellosigkeit.

Aber wie kann man nun sein Selbstwertgefühl steigern und so immer robuster gegen negative Gefühle wie Hilflosigkeit, Selbstmitleid, Ärger über sich selber oder andere Menschen und Ängste werden? Der Psychologe NATHANIEL BRANDON [2] beschreibt sechs Ansätze zur Stärkung des Selbstwertgefühls.

Diese sechs Ansätze sind:

1. **Bewusst leben** = Mit den Realitäten verantwortlich umgehen.
   Beispiel Promotion: Von was lassen Sie sich immer wieder ablenken? Wo machen Sie immer wieder die gleichen Fehler? An welchen Stellen weichen Sie aus?

   Wie schaffen Sie das?
   Man kann sich zu groß, zu klein, zu dick, zu dünn, zu wenig schlagfertig, zu ängstlich, zu oberflächlich etc. finden. Wenn Sie so über sich denken, dann halten Sie oftmals wenig von sich selbst. Ruinieren Sie sich nicht Ihren guten Ruf bei sich selbst. Wenn Sie Ihre Schwächen annehmen und Sie sich diese nicht dauernd vorwerfen, schützen Sie Ihr Selbstwertgefühl. Sehen Sie lieber auf Ihre Stärken.

2. **Sich selbst annehmen** = Für sich selbst da sein, die Realität annehmen, Emotionen und Probleme akzeptieren, akzeptieren, was Sie denken.
   Beispiel Promotion: Wovor haben Sie Angst?

   Wie schaffen Sie das?
   Wenn Sie die Realität annehmen, können Sie z. B. Ihre Kräfte statt in den Frust über sich und die Situation in die Veränderung der Situation investieren.

3. **Eigenverantwortlich leben** = Die Ursachen für die eigene Situation bei sich suchen und nicht bei anderen.
   Beispiel Promotion: Wo reiten Sie sich gerade in eine Krise? Was ist an Dingen, die Sie im Alltag stören, Ihr Anteil?

   Wie schaffen Sie das?
   Wenn Sie die Ursachen für Ihre Probleme bei anderen suchen, dann

übersehen Sie leicht Ihre eigenen Einflussmöglichkeiten zur Lösung des Problems. Wenn Sie jedoch Ihre Einflussmöglichkeiten entdecken und umsetzen, können Sie sich beim Verbessern Ihrer Situation erleben. Dies verleiht die Gewissheit, sich selber helfen zu können. Das stärkt das Selbstwertgefühl.

4. **Sich selbstsicher behaupten** = für seine Ziele und Bedürfnisse einstehen.
   Beispiel Promotion: Vertreten Sie Ihr Promotionsthema und Ihren Lösungsansatz selbstsicher, aber nicht unkritisch!

   Wie schaffen Sie das?
   Wenn Sie Ihre Ziele und Bedürfnisse kommunizieren, in Ihrem täglichen Handeln verfolgen und für Ihr Handeln und für die Ergebnisse Ihres Handelns einstehen, dann kommen Sie automatisch voran. Ihre Fortschritte nähren Ihr Selbstwertgefühl.

5. **Zielgerichtet leben** = ein Ziel für sich definieren und dieses nachhaltig verfolgen.
   Beispiel Promotion: Lassen Sie Ihre Ziele an Ihrem Scheitern scheitern?

   Wie schaffen Sie das?
   Planen Sie Ihre Ziele und handeln Sie danach. Beobachten Sie Ihre Ergebnisse.

6. **Persönliche Integrität** = seinem Wort folgen.
   Beispiel Promotion: Halten Sie Deadlines sich und anderen gegenüber ein?

   Wie schaffen Sie das?
   Wenn Sie Ihrem Wort folgen, werden Sie sich immer gewisser, dass Ihr Wort Ihnen selber gegenüber Gewicht hat. Sie halten immer mehr von sich. Wenn Sie Ihre Lebensprämissen leben, fällt Ihnen Integrität besonders leicht. Ein starkes Selbstwertgefühl macht Sie robust und stark für den Umgang mit Widerständen und Rückschlägen, die Sie auf dem Weg zum Doktortitel erleben werden.

2.3 Anwendung

Überlegen Sie sich, mit welchen Dingen in Ihrem Alltag Sie Schwierigkeiten haben. Welchen Wahrheiten bezüglich Ihrer Promotion sehen Sie ungern ins Auge?

Was mögen Sie an sich?

Welche Eigenschaften würden Sie gerne ablegen?

Wo und wann tauchen Situationen auf, in denen Sie denken oder äußern: „Wenn dies oder das nicht so oder so wäre, dann …"

Wann fällt es Ihnen schwer, Ihre eigene Position zu vertreten?

Was sind Ihre aktuellen Lebensziele? Wie konkret verfolgen Sie diese Ziele im Alltag?

Wann versprechen Sie Dinge, die Sie nicht halten? Aus welchem Bedürfnis heraus handeln Sie so?

Woran würden Sie im Alltag merken, dass Ihr Selbstwertgefühl stärker geworden ist?

- Kommen Sie sich selber auf die Spur und schreiben Sie auf, wann und warum Sie beleidigt sind oder wann und warum Sie über andere herziehen.
- Klären Sie, *wofür* Sie stehen! Ein starkes *Wofür* erhöht Ihr Selbstwertgefühl.

- Reflektieren Sie! Wo verdrängen Sie Dinge bewusst? Wo sind Sie ein „Aufschieber“? Leben Sie bewusst, d. h. stellen Sie sich Ihren Schwächen und schlechten Gefühlen. Wie bekommen Sie ein höheres Selbstwertgefühl?
- Halten Sie Ihr Wort, sonst leidet auf Dauer Ihr Selbstwertgefühl. Ausreden sind die größten Feinde Ihres Selbstwertgefühls.
- Können Sie zu Ihrer Dissertation stehen? Wählen Sie ein Thema, für das Sie voller Überzeugung, Begeisterung und Energie eintreten können. Zu Ihrer Dissertation sollten Sie stehen können.
- Korrigieren Sie Ihre Fehler, statt mit ihnen zu leben oder sie zu verdrängen.
- Klären Sie Ihre Lebensprämissen und leben Sie diese bewusst.
- Weichen Sie Problemen nicht aus bzw. wenn Sie es tun, tun Sie es bewusst und tragen Sie die Folgen.
- Machen Sie Eigenverantwortung zu einer Prämisse Ihres Lebens, gerade dort, wo es Ihnen schwerfällt.
- Äußern Sie Ihre Überzeugungen selbstsicher, treten Sie für Ihre Lebensprämissen ein.
- Formulieren Sie persönliche Ziele und setzen Sie diese auch um.
- Beobachten Sie die Schwankungen Ihres Selbstwertgefühls über einen gewissen Zeitraum. Fragen Sie sich regelmäßig, z. B. einmal im Monat, wie es um Ihr Selbstwertgefühl bestellt ist. Wie sicher sind Sie sich Ihres Selbstwertgefühls in Bezug auf verschiedene wichtige Dinge in Ihrem Leben auf einer Skala von 0-100? Und wie sicher sind Sie auf der gleichen Skala bezüglich anderer Aspekte Ihres Lebens? Wie könnten die Änderungen zustande gekommen sein?

2.4 Herausforderungen

- ☐ Herausfordernd ist es, dranzubleiben und die sechs Ansätze nachhaltig umzusetzen:

  - Bewusst leben
  - Sich selbst annehmen
  - Eigenverantwortlich leben
  - Sich selbstsicher behaupten
  - Zielgerichtet leben
  - Persönliche Integrität

- Herausfordernd wird es, wenn jemand in Ihrem Umfeld ein geringes Selbstwertgefühl hat. Der Umgang mit solchen Personen gleicht einem Tanz auf rohen Eiern.
- Eine Herausforderung ist es, sich einzugestehen, wann Sie Ihrem Selbstwertgefühl nicht guttun.

2.5 Das Wichtigste in Kürze

Das Selbstwertgefühl ist der Schlüssel zu Ihrer erfolgreichen Promotion, weil Sie sich mit Entscheidungen leichter tun und Sie sich weniger ablenken lassen.

Wenig Selbstwertgefühl erzeugt Unwohlsein, insbesondere im Umgang mit Personen mit starkem Selbstwertgefühl. Solche Personen mit hohem Selbstwertgefühl wirken dann oft arrogant.

Selbstwertgefühl ist trainierbar und beeinflussbar.

2.6 Reflexionsfragen

- Von was lassen Sie sich entmutigen?
- Wie gehen Sie mit Fehlern um?
- Wie sehr lassen Sie sich von Ihren Ideen abbringen oder auch nicht?
- In welchen Themen übernehmen Sie keine Verantwortung für Ihr Wirken?
- Sind Ihre Ziele klar messbar? Und können Sie zu den angestrebten Ergebnissen stehen?
- Wann sind Sie beleidigt und fühlen sich angegriffen?
- Wie lange brauchen Sie, um vom Beleidigtsein loszulassen?
- Wann lästern Sie über andere?

2.7 Literatur

[1] Rolf Merkle: *So gewinnen Sie mehr Selbstvertrauen*, PAL Verlagsgesellschaft, 2016

[2] Nathaniel Brandon: *Die sechs Säulen des Selbstwertgefühls*, Piper Verlag, 2015

Literaturtipp

Daniela Blickhan: *Positive Psychologie: Ein Handbuch für die Praxis,* Taschenbuch, Junfermann, 2018

3. Kapitel:
Wahrnehmung – Wie wahr ist Ihre Wahrheit?

„Eine Wahrheit kann erst wirken,
wenn der Empfänger für sie reif ist."
Christian Morgenstern

* * *

3.1 Wie man durch die Einstellung einer studentischen Hilfskraft sein Image ruiniert

Laura Schilberg hatte ziemlich lange darauf gewartet, bei einem Vorstellungsgespräch endlich auf der anderen Seite des Tisches zu sitzen. Nicht mehr selbst Rede und Antwort stehen und sich durchleuchten lassen zu müssen, sondern selbst zu fragen und Bewerber zu prüfen. Ein paar Wochen nach ihrer erfolgreichen Masterarbeit und dem Beginn ihrer Promotion war es dann endlich so weit: Laura durfte ihren ersten studentischen Mitarbeiter einstellen. Natürlich war das für sie wie für jeden jungen Wissenschaftler zunächst einmal ein ganz besonderes Ereignis. Laura hatte auch alles getan, um eine möglichst professionelle Personalauswahl sicherzustellen. Sie erinnerte sich an ihre Vorlesung im Fach Personalwesen und hatte dafür auch ihre ganzen alten Unterlagen rausgekramt. Akribisch genau hielt sie sich an diese Vorgaben und schrieb die Stelle aus. Wie erwartet trudelten in den Tagen nach der Ausschreibung eine Menge Bewerbungen ein. Laura sammelte und sichtete sie und gab sich selbstverständlich die größte Mühe, dabei neutral und objektiv zu bleiben. So, wie sie das im Studium ja auch gelernt hatte. Vieles sieht in der Praxis dann aber doch anders aus, und die Doktorandin musste feststellen, dass sie eben auch nur ein Mensch war, der sich beeinflussen ließ. Ob es nun die Schrift war, das Briefpapier, die Schriftgröße oder der Umschlag: Laura musste zugeben, dass ihr manche Bewerbungen auf Anhieb sympathischer waren als andere. Und das, obwohl sie ja noch nicht einmal den Inhalt gelesen hatte. Es war durchaus machbar, alle zu lesen, und das tat Laura dann auch. Eine der Mappen erregte ganz besonders ihre Aufmerksamkeit. Nicht nur, weil bei dieser Bewerbungsmappe von der äußeren Aufmachung über die Schrift bis hin zum Schreibstil einfach alles perfekt passte. Nein, der Bewerber hatte vor seinem Studium bereits zwei Ausbildungen abgeschlossen, eine zum Mechaniker und eine zum Elektrotechniker. Und das alles auch noch in der passenden Branche. Einfach perfekt, fand Laura. Dahinter klaffte im Ranking der anderen Bewerber eine große Lücke zu ihrem Favoriten. Im Prinzip war ihre Entscheidung schon gefallen: Wenn es sich nicht um eine komplett unmögliche Person handeln würde, dann machte diese Bewerbung das Rennen. Laura zeigte aber dennoch das nötige Maß an Professionalität und wählte noch zwei weitere Bewerbungen aus. Nun hatte sie die in ihren Augen drei Besten herausgefiltert und auch gleich zu einem persönlichen Gespräch eingeladen.

Verständlich, dass Laura an diesem Vormittag überaus nervös war. Ihr erstes Bewerbungsgespräch – auf der anderen Seite des Schreibtisches. In ihrem Büro, von dem man durch die Glastür auf den Fahrstuhl blicken konnte, würden die Bewerbungsgespräche stattfinden. Um neun Uhr sollte der Erste kommen und die anderen beiden jeweils im Abstand von einer Stunde. Laura setzte sich kurz vor neun auf ihren Platz, von dem aus sie den Fahrstuhl einsehen konnte. Je näher der große Zeiger der runden, ziemlich altmodischen Uhr an der Stirnseite des Flurs der Zwölf kam, desto nervöser wurde sie. Unzählige Male ging sie die Bewerbungsunterlagen durch, deren Inhalte sie fast schon auswendig kannte. Und dann war es so weit: Pünktlich stieg der erste Bewerber aus dem Fahrstuhl. Ein sehr gepflegter junger Mann mit kurz geschnittenem, sauber zur Seite gescheiteltem Haar.

Das erste Gespräch verlief planmäßig und Laura wurde pünktlich fertig. Der junge Mann brachte zwar ausreichend Qualifikation mit, aber irgendwie schien er für diesen Job doch nicht geschaffen zu sein. Die zweite Bewerbung, eine junge Frau, war ziemlich schnell abgearbeitet. Da stimmte die Chemie nicht. Das wusste Laura und anscheinend auch die Bewerberin, die gar keine großen Anstalten mehr machte, den Job zu bekommen. Um elf Uhr hatte sich Lauras Favorit angesagt. Der Student mit den praktischen Ausbildungen. Wenn an dem nichts Weltbewegendes auszusetzen war, dann würde Laura ihm den Job geben. Er hatte ja alle Voraussetzungen. Mit einer Mischung aus positiver Erwartung und Nervosität erwartete Laura ihren letzten und wichtigsten Bewerber.

Punkt elf Uhr. Laura Schilberg blickte gespannt auf die Aufzugtür. Die beiden Vorgänger waren auf die Minute pünktlich gewesen, aber dieser ließ auf sich warten. Laura las noch einmal die Unterlagen durch und machte sich Notizen. Dann ging die Fahrstuhltür auf. Laura blickte auf und sah nach vorn. Ein junger Mann stieg aus. Er trug eine schwarze Sonnenbrille und einen ebenso schwarzen Ledermantel, der bis zum Boden reichte und die mit Nieten verzierten Springerstiefel zum Teil bedeckte. Der absolute Hingucker war die pechschwarze Haarpracht des Typen. Wie ein Punk, halbseitig auf der Seite abrasiert, die hell durchschimmernde Kopfhaut in befremdlichem Kontrast. Die Piercings in Lippen und Ohren machten das Bild perfekt.

Laura widmete sich wieder ihren Unterlagen. Das konnte unmöglich ihr Bewerber sein.

„Sind Sie Frau Schilberg?“, fragte eine ziemlich helle männliche Stimme. Laura sah auf. Da stand der „schwarze Punk“ direkt vor ihr.

„Ja, das bin ich!“, antwortete Laura und musterte diesen Typen von oben bis unten. Ein bisschen Unsicherheit machte sich in ihr breit. Laura gab sich Mühe, um unvoreingenommen zu sein und neutral rüberzukommen. „Schließlich geht es um die Leistung und nicht um das Äußere“, dachte sie sich tapfer.

„Bitte setzen Sie sich!“, sagte Laura dann auch freundlich und zeigte mit einladender Geste auf den Stuhl ihr gegenüber. Obwohl sie sich alle erdenkliche Mühe gab, sorgte dieses extrovertierte Outfit des Bewerbers für eine gewisse Unsicherheit. Wie bei den anderen hielt sich Laura streng an das Gesprächskonzept, das sie in den letzten Tagen just für diesen Termin ausgearbeitet hatte. Nach etwa fünf Minuten Smalltalk ging es ans Sachliche. Laura ging alle notierten Punkte der Reihe nach durch. Sie stellte Frage um Frage und bekam Antwort für Antwort. Irgendwie faszinierte sie dieser Typ. Was er so sagte, passte gar nicht zu dem, wie er aussah. Laura bekam mit jedem abgearbeiteten Punkt einen positiveren Eindruck von „Mr. Gothic“, wie sie ihn spontan für sich nannte. Die Anforderungen erfüllte er, das war schon mal klar. Doch gleichzeitig vertieften sich Lauras Zweifel. Konnte sie einen „Verrückten“ einstellen? Was würden die Kollegen denken? War so ein extremes Äußeres nicht ein Warnsignal? Hatte dieser Typ nicht doch einen Haken?

„Danke für Ihr Kommen!“, sagte Laura nach einer Dreiviertelstunde. Sie hatte auch dieses Bewerbungsgespräch in der dafür vorgesehenen Zeit erledigt. Laura stand auf, reichte Mr. Gothic die Hand und verabschiedete sich mit den Worten: „Es gibt noch weitere Bewerber, ich habe die Entscheidung noch nicht getroffen. Bis Ende der Woche bekommen Sie eine Nachricht von mir!“

Da biss die Maus nun keinen Faden ab. Obwohl Lauras Mr. Gothic eine absolut verrückte Erscheinung war, erfüllte er dennoch alle Anforderungen und war sachlich gesehen genau der Richtige. Laura sagte ihm also Ende der Woche zu, denn ganz ehrlich: Die anderen Bewerber waren zwar in ihrem Auftreten weitaus weniger spektakulär, aber dafür auch in ihrer Eignung. „Schließlich kommt es auf die Leistung an und nicht auf das Aussehen“, machte sich Laura Mut. Diese Meinung sollte ja auch ganz klar in einem modernen, aufgeklärten Institut gelten. Sie war fest davon überzeugt, dass niemand dazu eine andere Position einnehmen würde. Allenfalls ein Kleingeist.

Mr. Gothic trat seine Stelle zum nächsten Ersten an. Laura saß eines Morgens an ihrem Schreibtisch und war in diverse Unterlagen vertieft. Da läutete das Telefon.

„Ihr Hiwi war da!“, sagte Frau Schmidt aus der Personalabteilung in einem Ton, der nicht gerade sehr erfreut klang. „Das Verhalten von diesem Menschen ist wirklich unmöglich, Frau Schilberg!“

„Was hat er denn angestellt?“, fragte Laura zurück. Sie gab sich betont cool, war innerlich aber bereits auf einen Skandal eingestellt.

„Er hat es während des Gesprächs mit mir nicht einmal für nötig gehalten, seine Sonnenbrille abzunehmen. Unmöglich dieser Mensch, und keinerlei Manieren!“

„Das geht aber gar nicht, Frau Schmidt. Da gebe ich Ihnen recht!“

„Dem habe ich schon die Leviten gelesen! Darauf können Sie Gift nehmen!“

„Richtig, Frau Schmidt“, pflichtete Laura bei. „Ich knöpfe ihn mir auch mal vor und werde ihn darauf hinweisen.“

Als Laura aufgelegt hatte, musste sie grinsen. Sie konnte sich diese konservative, spießige Schmidt gut vorstellen. Auf der anderen Seite war sie aber erneut ein bisschen besorgt über das Verhalten ihres Neuzugangs.

Einige Tage später traf Laura Professor Cornelius draußen auf dem Flur und erzählte ihm von ihrer Neueinstellung. „Ich habe einen neuen Hiwi, Herr Professor!“

„Von dem habe ich schon gehört!“, kam es postwendend. In einem Ton, der keinen Zweifel offenließ. „Das ganze Institut spricht über diesen Grufti! Aber das ist Ihre Sache, Frau Schilberg. Sie müssen selber wissen, wen Sie beschäftigen. Ich hoffe doch sehr, dass ich irgendwann auch einmal was Positives über den zu Ohren bekomme!“

Das hatte gesessen! Zum Glück war das Gespräch damit auch schon zu Ende, denn Professor Cornelius musste weiter. Die Last der Verantwortung auf Lauras Schultern wurde immer schwerer.

Der erste richtige Einsatz für Mr. Gothic ließ auch nicht allzu lange auf sich warten. Eine große Forschungsanlage, die für etwa eine Million Euro angeschafft worden war, sollte erstmals im Dreischichtbetrieb laufen. Die Aufgabe des neuen Mitarbeiters bestand darin, die Anlage von 22:00 Uhr bis 6:00 Uhr in einem gedrosselten Betriebszustand zu halten, um dann morgens ab 6:00 Uhr im Vollbetrieb die Versuche fortzusetzen. Laura verabschiedete sich zu Beginn der ersten Schicht um 22:00 Uhr mit einer klaren und deutlichen Ansage: „Sollte irgendwas Kritisches passieren, dann ruf mich sofort an! Ich bin über Mobiltelefon auch die ganze Nacht erreichbar und komme sofort."

Es verstand sich von selbst, dass Laura den ganzen Abend lang mit ein paar Gedanken bei Mr. Gothic war. Schließlich absolvierte er seine erste Schicht und Laura trug die Gesamtverantwortung. Ihr Handy hatte sie auf Schritt und Tritt dabei, und als sie zu Bett ging, vergewisserte sie sich noch einmal, dass auch der Akku geladen war. Die Nacht verlief ohne besondere Vorkommnisse. Laura konnte es gar nicht erwarten, gegen 6:00 Uhr in die Maschinenhalle zu kommen.

„Na, wie war die erste Nacht?", fragte sie neugierig. „Alles in Ordnung?"

Mr. Gothic saß auf dem grünen Büro-Drehstuhl, der vor dem Schreibtisch mit den Kontrollmonitoren stand, und hatte die Beine lässig gekreuzt auf dem Tisch. Die Sonnenbrille hatte er natürlich auch auf, nahm sie allerdings ab, als Laura zu ihm trat.

„Klar, alles im grünen Bereich!", meinte er und klang dabei ein bisschen müde. „Da war nur eine Kleinigkeit, aber die ist behoben. Null problemo!"

„Was denn für eine Kleinigkeit?", wollte Laura hellhörig wissen.

„Nichts weiter! Gegen 1:15 Uhr ist nur etwas Wasser aus der Lampe an der Decke der Messwarte in die Tastatur des Bediencomputers getropft", gab Mr. Gothic zurück und gähnte.

„Waas? Und da hast du mich nicht angerufen?"

„Warum hätte ich dich anrufen sollen?", fragte Mr. Gothic erstaunt. „Du hast doch zu mir gesagt, ich solle nur anrufen, wenn etwas Kritisches ist. Aber das war nicht kritisch! Ich habe auf der Messwarte nachgeschaut und mir war klar, dass mit der Klimaanlage darauf irgendwas nicht stimmen konnte. Die habe ich dann demontiert und den Fehler gesucht. Es war nur eine Luftblase im Auslass des Kondensatabscheiders. Das habe ich dann auch gleich behoben und anschließend die Deckenleuchte demontiert und getrocknet. Nach drei Stunden war die Sache auch schon Schnee von gestern. So was habe ich in meiner Ausbildung ständig gemacht. Ich sag doch, null problemo!"

„Na ja, dann ist ja alles in bester Ordnung!" Laura seufzte, aber vor Erleichterung und auch ein bisschen Genugtuung. Was Mr. Gothic da gemacht hatte, war zwar nicht mit ihrer Anweisung konform, aber plausibel. Außerdem ein Beweis dafür, dass Lauras Personalauswahl gelungen war. Mit einem Lächeln und einem festen Händedruck verabschiedete sie ihren „besten Mann" in den wohlverdienten Feierabend. „Danke!"

Die Geschichte verbreitete sich wie ein Lauffeuer im Institut. Mr. Gothic wurde zum Tagesgespräch und die anfänglich kritische Haltung der Belegschaft verflüchtigte sich schnell. ‚Mr. Gothic', wie bald sein offizieller Spitzname lautete, entwickelte sich zu einem der besten Mitarbeiter des Instituts und erhielt trotz seines Styles ein Jobangebot eines konservativen internationalen Konzerns.

***

3.2 Theorie

Menschen sind in gewisser Weise Interpretationsmaschinen

In diesem Kapitel geht es darum, dass wir Menschen Strategien haben, um mit der Flut an Information, die täglich und stündlich auf uns einprasselt, effizient umzugehen. Eine dieser Strategien ist, dass Sie das, was Sie wahrnehmen, vor dem Hintergrund Ihrer Erfahrungen deuten. Menschen sind in gewisser Weise Interpretationsmaschinen. Dieses Kapitel soll Sie für die dabei entstehenden Risiken allzu schneller Bewertung sensibilisieren.

Verfügbarkeitsfehler

Hierzu ein Beispiel: Hermann fährt einen alten, aber gut gepflegten Mercedes der E-Klasse. Jeden Samstag wäscht er den Wagen und putzt das Fahrzeug auch von innen. Nur wenn er im Sommer seine übliche Pauschalreise nach Thailand macht, setzt er mit der Pflege aus. Hermanns Hobby ist der Kleingartenverein in seiner Stadt, in dem er Vorstandsmitglied ist.

Was ist nun für Sie plausibler?
a) Hermann ist ein 25 Jahre alter BWL-Student.
b) Hermann ist Rentner und 67.

Natürlich tippen Sie auf Antwort b), obwohl dazu im Text nichts steht. Alle Informationen, die Sie herangezogen haben, basieren auf Ihren Erfahrungen. Diese Vorgehensweise ist sehr hilfreich, weil diese „Schubladisierung" der Umwelt diese für uns weniger komplex und damit handhabbarer macht. Des Öfteren kommen wir aber eben auch zu falschen Schlüssen, denn in diesem Falle war Hermann ein 25 Jahre alter BWL-Student mit außergewöhnlichen Hobbys. Dieses Phänomen nennt man Verfügbarkeitsfehler. Es sind im Alltag nun mal mehr Hermanns von Typ b) als von Typ a) vorhanden. Aus dieser Statistik schließen wir dann auf den Einzelfall.

Interpretationsfehler

Was Sie sich klarmachen sollten, ist, dass immer, wenn Sie Informationen aufnehmen, Sie automatisch und völlig unbewusst solche Interpretationen vornehmen und damit auch oft richtigliegen. Sie machen aber eben auch Fehler dabei!

Menschliche Wahrnehmung unterliegt Fehlern

Fragen Sie sich nun, was Sie dagegen tun können? Das ist ganz einfach, aber wird erstaunlich selten getan: Stellen Sie mehr Fragen! Je mehr Informationen Sie haben, desto besser wird Ihre Einschätzung. Und: Seien Sie sich Ihrer permanenten Einschätzungen und Interpretationen der Umwelt bewusst.

Es gibt eine schöne Geschichte aus PAUL WATZLAWICKS Buch „Anleitung zum Unglücklichsein", die wir Ihnen nicht vorenthalten wollen und deren Pointe durch mehr Fragen und weniger Interpretieren „leider" vereitelt worden wäre.

> Ein Mann will ein Bild aufhängen. Den Nagel hat er, nicht aber den Hammer. Der Nachbar hat einen. Also beschließt unser Mann, hinüberzugehen und ihn auszuborgen. Doch da kommt ihm ein Zweifel: „Was, wenn der Nachbar mir den Hammer nicht leihen will? Gestern schon grüßte er mich nur so flüchtig. Vielleicht war er in Eile. Vielleicht hat er die Eile nur vorgeschützt, und er hat was gegen mich. Und was? Ich habe ihm nichts getan; der bildet sich da etwas ein. Wenn jemand von mir ein Werkzeug borgen wollte, ich gäbe es ihm sofort. Und warum er nicht? Wie kann man einem Mitmenschen einen so einfachen Gefallen abschlagen? Leute wie dieser Kerl vergiften einem das Leben. Und dann bildet er sich noch ein, ich sei auf ihn angewiesen. Bloß weil er einen Hammer hat. Jetzt reicht´s mir wirklich." Und so stürmt er hinüber, läutet, der Nachbar öffnet, doch bevor er „Guten Tag" sagen kann, schreit ihn unser Mann an: „Behalten Sie Ihren Hammer!" [1]

Finden Sie das lustig? Ja, als Geschichte sicher. Dann jedoch, wenn Ihnen dasselbe in der Realität passiert, werden Sie wohl nicht lachen …

Wahrnehmen, ohne zu bewerten, und durch Fragen klären, was das Gegenüber meint

In der Psychologie ist eine Reihe weiterer Effekte bekannt, die auf Interpretation beruhen und die Ihre Wahrnehmung verzerren. Anbei einige Beispiele, die Ihnen aus der Geschichte am Anfang des Kapitels sicherlich bekannt vorkommen:

- **Primär-Effekt**: Der erste Eindruck wird nur schwer revidiert. Zuerst wahrgenommene Informationen werden besser im Langzeitgedächtnis gespeichert.
- **Rosenthal-Effekt**: Die Leistung einer Person ist abhängig von den Eigenschaften, welche ihr eine Person (z. B. der Vorgesetzte) zuschreibt.
- **Halo-Effekt**: Die (Gesamt-)Wahrnehmung orientiert sich an einer hervorstechenden Einzeleigenschaft.

Zudem gibt es folgende weitere Effekte:

- **Ähnlichkeitsfehler**: Ähnlichkeiten einer anderen Person mit der eigenen Person führen zu einer eher positiven Beurteilung der anderen Person.
- **Social Proof**: Menschen denken, sie verhalten sich richtig, wenn sie sich so verhalten wie die Masse.
- **Kontrast-Effekt**: Die eigene Person oder andere Personen werden zum Maßstab für die Beurteilung anderer.

Eine empfehlenswerte Übersicht mit Erläuterung findet man bei Dobelli [2].

Und, wo in Ihrem Leben sind Ihnen diese Effekte schon einmal begegnet?

„Wer weiß, wozu es gut ist ...“

Diese Interpretationsfähigkeit des Menschen birgt jedoch nicht nur Risiken, sondern vielmehr auch riesige Chancen. Sie können nämlich versuchen, unerwünschten Dingen positive Bedeutungen zu verleihen und so souveräner mit ihnen umzugehen. Kennen Sie den Spruch „Wer weiß, wozu es gut ist!“, wenn etwas schiefgelaufen ist? Damit ist gemeint: Alles hat auch eine gute Seite, die man im Moment des Missgeschicks jedoch meist noch nicht wahrnehmen kann. Sie können über diesen Spruch deutlich hinausgehen und Dinge, die Ihnen geschehen, aktiv uminterpretieren, um in nützlicherer

Weise mit Ihnen umzugehen.

Auch hierzu ein Beispiel: Einem Doktoranden passierte in der Endphase seiner Dissertation genau das, was der Alptraum eines jeden Doktoranden ist: Die Festplatte seines Rechners ging irreparabel kaputt und er verlor viele Daten und Fotos, die er für seine Dissertation benötigte. Als er das realisierte, schlug er mit den Fäusten auf den Tisch und fluchte. Dann, nach fünf Sekunden, atmete er tief und sagte: „Naja, dann eben ohne die Festplatte! Eigentlich ist es auch ganz befreiend." Er verlor keinerlei Energie, sich mehrere Stunden aufzuregen! Das Ganze gelang ihm durch Uminterpretieren von Verlust zu Befreiung!

Natürlich bedarf das einiger Übung, eine solche Situation so wie in diesem Fall als Trainingsgelegenheit zu nehmen und das Beste daraus zu machen, aber das Training lohnt sich!

Wenn Sie Ihren automatischen Interpretationen im Gespräch mit anderen immer weniger zum Opfer fallen möchten, ist es notwendig, dass Sie so gut wie möglich wahrnehmen, ohne zu bewerten, und durch Fragen klären, was Ihr Gegenüber meint. Dies ist extrem herausfordernd, aber durchaus möglich. Als Hilfe kann es nützlich sein, dass Sie versuchen, während Sie bei jemandem hinhören, zwischen Ihren Gefühlen, dem Inhalt und Ihrer Interpretation zu unterscheiden. Stellen Sie dann Fragen, um Ihr Verständnis des Gesagten zu verbessern. Sie werden wahrscheinlich feststellen, dass Ihre Lebensprämissen starken Einfluss auf Ihre Bewertungen und Interpretationen haben. Die Kenntnis Ihrer Lebensprämissen ist daher auch an dieser Stelle sehr nützlich.

Stellen Sie sich vor, Sie sprechen mit Ihrem Professor über ein wichtiges Thema Ihrer Promotion und er gähnt und schläft fast ein. Welche Einschätzung ist hilfreicher?
a) Er findet mein Dissertationsthema langweilig!

Oder

b) Er ist überarbeitet! ...

3.3 Anwendung

Betrachten Sie die folgenden Bilder. Was sagen diese über die Personen, insbesondere über Laura, aus? Stellen Sie Hypothesen auf! Trainieren Sie Ihre Wahrnehmung.

Diss
Version
x.0

Überlegen Sie sich, welchen Wahrnehmungseffekten Sie in Ihrem Alltag unterliegen! Welche Überzeugungen haben Sie? Zu welchen Interpretationen könnten diese Überzeugungen führen?

Trainieren Sie wahrzunehmen ohne zu bewerten. Holen Sie sich Feedback über sich selbst von Menschen, von denen Sie kritisches Feedback erwarten, und achten Sie auf Ihre eigene gefühlsmäßige Reaktion dabei. Fragen Sie nach, bis Sie das Feedback verstehen. Reden Sie sich nicht heraus, relativieren Sie nicht, hören Sie hin und stellen Sie nur Fragen, um besser zu verstehen, was Ihr Feedbackgeber meint. Was lernen Sie dabei?

An welcher Stelle Ihrer Promotion könnte es Ihnen helfen, einen Sachverhalt aus einer anderen Perspektive zu sehen, d. h. umzuinterpretieren?

Wie bewerten Sie bestimmte Handlungen Ihres Professors? Nehmen Sie eine bestimmte Verhaltensweise heraus! Notieren Sie diese. Fragen Sie nun Kollegen nach deren Wahrnehmung. Hören Sie hin, fragen Sie nach, schreiben Sie die Antworten auf. Vergleichen Sie mit Ihrer Wahrnehmung zu Beginn.

Beobachten Sie Ihnen unbekannte Personen. Machen Sie sich ein Bild. Stellen Sie nun Fragen und finden Sie heraus wo Sie falsch- und wo Sie richtiglagen.

3.4 Herausforderungen

- Es gibt die Wahrnehmungseffekte. Seien Sie sich dieser bewusst!
- Das Einsortieren Ihrer Umwelt in Schubladen, d. h. die blitzschnelle Bewertung auf Basis Ihrer Erfahrung ist notwendig, damit Sie sich in der Komplexität der Welt nicht verlieren. In Bezug auf Personen dürfen Sie Ihre Schubladen ruhig nutzen, aber lassen Sie die Schubladen offen, denn Sie werden immer einmal wieder die falsche Schublade erwischt haben.
- Nehmen Sie auch eine missliche Situation als Trainingsgelegenheit.

3.5 Das Wichtigste in Kürze

> Wahrnehmung ist subjektiv.
>
> Sie sind eine Interpretationsmaschine!
>
> Ihre Wahrnehmung ist verzerrt.
>
> Stellen Sie Fragen!
>
> Stellen Sie Fragen!
>
> Stellen Sie Fragen! (Nein, dies ist kein Druckfehler ☺ – es ist uns so wichtig!)
>
> Trennen Sie in Ihrer Kommunikation Sachinhalte, Emotionen und Ihre Einschätzung. Die Schubladisierung Ihrer Umwelt ist Hilfe und auch Risiko.

3.6 Reflexionsfragen

- ☐ Welches ist Ihre größte limitierende Überzeugung, die Sie in Bezug auf andere Menschen haben?
- ☐ Welche Eigenschaft an Ihnen schätzen Menschen immer wieder falsch ein?
- ☐ Welche Menschen lehnen Sie ab? Weshalb tun Sie das? Welchen Effekten unterliegen Sie dabei?
- ☐ Wo ist Ihnen der Primär-Effekt schon einmal begegnet?
- ☐ Wo ist Ihnen der Ähnlichkeitsfehler schon einmal unterlaufen?
- ☐ Wann wäre es hilfreich gewesen, den Rosenthal-Effekt zu kennen, falls Sie ihn noch nicht kannten?
- ☐ Wo erleben Sie den Social-Proof-Effekt in Ihrem Alltag?
- ☐ Wo wurden Sie oder andere Personen schon einmal zum Maßstab für die Beurteilung anderer?

- ☐ Wann ist Ihnen der Halo-Effekt schon einmal begegnet?
- ☐ Worin besteht der Zusammenhang dieses Kapitels mit Ihrer Promotionszeit?
- ☐ In welcher Schublade steckt Ihr Professor?

3.7 Literatur

[1] Paul Watzlawick: *Anleitung zum Unglücklichsein*, Piper Verlag, 2013

[2] Rolf Dobelli: *Die Kunst des klaren Denkens. 52 Denkfehler, die Sie besser anderen überlassen*, Hanser Verlag, 2011

Literaturtipps

Robert B. Cialdini: *Die Psychologie des Überzeugens, Ein Lehrbuch für alle, die sich selbst oder anderen auf die Schliche kommen wollen*, Verlag Hans Huber, 2010

Daniel Kahneman: *Schnelles Denken, langsames Denken*, Siedler Verlag, 2012

4. Kapitel:
Ängste – Wie gehen Sie damit um?

„Den größten Fehler, den man im Leben machen kann, ist, immer Angst zu haben, einen Fehler zu machen."
Dietrich Bonhoeffer

* * *

4.1 Der Vortrag

Zum Glück hatte Laura einen Fensterplatz im Zug nach Frankfurt und es war schönes Herbstwetter. Die Sonne schien und die Natur präsentierte sich in bunten Farben. Laura saß gemütlich und entspannt in ihrem bequemen Sitz und schaute durchs Fenster. Draußen rauschte der Westerwald vorbei. Zum Glück hatte der Zug kein allzu schnelles Tempo drauf und so konnte sie sich am Anblick der rheinland-pfälzischen Landschaft erfreuen. Laura lächelte und ein bisschen wurde es ihr warm ums Herz. Lange war sie nicht mehr hier gewesen, in ihrer Heimat. Aber sie fühlte sich gleich wieder in ihre Kindheit in Rheinland-Pfalz zurückversetzt. Vorne im Wagon ging die gläserne Türe auf und ein junger Zugbegleiter kam mit einem schmalen Rollwagen herein, um die Fahrgäste mit Speis und Trank zu versorgen.

„Kaffee?", fragte der freundliche Mann in der obligatorischen dunkelblauen Uniform und der leuchtend roten Krawatte.

„Nein danke!", antwortete Laura. „Ich bin wach genug."

Der junge Mann ging weiter, aber der Duft von frischem Kaffee blieb noch eine Weile in Lauras Bereich. Irgendwie roch das schon lecker, aber sie konnte jetzt wirklich nichts herunterbringen, denn ihre Nervosität stieg mit jedem Kilometer, mit dem sich der Zug der Hessenmetropole näherte. Laura hatte schon die ganze Nacht kein Auge zugemacht, so sehr beschäftigte sie ihr großer Auftritt. Heute musste sie zum ersten Mal einen Vortrag halten. Und den hatte sie die ganze Nacht vor ihrem geistigen Auge gehabt: Sie hatte sich auf der Bühne stehen sehen, vor dem Auditorium, das nur darauf wartete, sie mit Fragen zu bombardieren. Mit Fragen, die sie vielleicht nicht beantworten konnte, weil ja alles, was sie zum Thema liefern konnte, bereits auf den Folien des Vortrags stand. Sie hatte sich wie ein in die Enge getriebener Soldat gesehen, der bereits seine gesamte Munition verschossen hatte und dem Feind nun schutzlos ausgeliefert war. Ganz allein war sie da oben auf der Bühne gewesen, vor rund 600 Experten aus aller Welt, schwitzend, mit einem Frosch im Hals. Laura hatte buchstäblich schon ihre Schamesröte gefühlt und wie alle über sie hergefallen waren. Diese Bilder hatten sich ständig vor ihrem geistigen Auge wiederholt und ihr jeglichen

Schlaf geraubt. Laura hatte sich die ganze Nacht lang schweißgebadet hin und her gewälzt. Sie hatte einfach panische Angst davor, bei ihrem ersten Auftritt in der Fachcommunity ihr Gesicht zu verlieren. Als dann ihr Wecker am frühen Morgen geklingelt hatte, hatte er sie nicht etwa aus dem Schlaf gerissen. Nein, er hatte sie von diesem Film befreit, der die ganze Nacht vor ihrem geistigen Auge abgelaufen war.

Viel besser ging es ihr auch jetzt nicht. Laura gab sich alle erdenkliche Mühe, ihren Zustand zu verstecken, denn selbst hier im Zug begann dieser lästige Film mit den vielen unschönen Bildern ihres Versagens zu laufen. Sie versuchte sich abzulenken, schaute immer wieder nach draußen in die schöne Landschaft. Aber das half alles nichts: Lauras Hände waren feucht, auf ihrer Brust lag ein zentnerschwerer Stein. Und sie hatte das beklemmende Gefühl, dass alle anderen Mitreisenden hier im Abteil das mitbekamen. In jedem freundlichen Lächeln, das sie von jemandem erhaschte, der durch den Wagon lief, sah Laura eine abwertende Grimasse der Schadenfreude, manchmal gepaart mit ein bisschen Mitleid mit einem sicheren Verlierer, der chancenlos in die Schlacht zog.

Angefangen hatte die ganze Misere mit einer E-Mail ihres Professors: „Beiliegend die Ausschreibung für eine interessante und wichtige Tagung. Da müssen wir unbedingt teilnehmen, um ein neues Thema für unser Institut in die Öffentlichkeit zu bringen. Bitte melden Sie sich an und tragen Sie vor.“

Laura hatte null Ahnung, was sie denn dort vortragen sollte. „Wir machen doch auf diesem Gebiet gar nichts“, hatte sie sich gedacht. Gut, es gab sicherlich ein paar Ideen für den ein oder anderen Forschungsauftrag, aber bisher noch keinerlei Ergebnisse. Wie sollte man darüber einen kompletten Vortrag halten? Und den auch noch gut?

„Weil wir eben noch nicht im Thema sind, müssen wir uns ja gerade öffentlich zeigen“, hatte Professor Cornelius leichthin zu ihr gesagt, als sie ihn auf sein Ansinnen angesprochen hatte. „Toll“, hatte Laura gebrummelt, „der hat leicht reden. Das ist doch gegen alle Regeln guter wissenschaftlicher Praxis, wenn man so was macht.“ Das konnte sie ihm aber unmöglich sagen. Also hatte sich Laura hingesetzt und recherchiert. Sie hatte fleißig gearbeitet und tagelang an ihrem Vortrag gebastelt, mit dem sie aus der Not eine Tugend machen könnte. Sprich: Wie man die bestehenden Ergebnisse der Arbeitsgruppe für das neue Thema der Tagung nutzen konnte. Als Laura damit fertig gewesen war und ihren Vortrag mehrere Male gelesen und immer wieder korrigiert hatte, war ihr eines klargeworden: Das, was vor ihr lag, war eine Werbepräsentation für ihr Institut. So à la ‚Fünf-Minuten-Terrine' von Maggi – ne tolle Idee! „Kaufen Sie: Ganz neu, ohne neuen

Inhalt, aber dafür im Maxipack!" Als Masterarbeit hätte Laura das nie im Leben abgegeben, das hätte sie sich nie getraut. Professor Cornelius hätte ihr das Ding um die Ohren gehauen. Dessen war sich Laura gewiss.

Als der Zug in Frankfurt am Main hielt und sie im vertrauten Bahnhof ausstieg, half ihr die Freude über ihre Ankunft in Frankfurt etwas dabei, sich abzulenken, und sie dachte schon, sie hätte ihre Nervosität im Griff. Als sie dann aber die nahe gelegene Messehalle betrat, beschleunigte ihr Puls schon wieder, die Feuchtigkeit an den Händen nahm zu und die Transpiration wurde so aktiv wie beim Indoor Cycling in ihrem Fitnesscenter.

Kein Wunder: Die riesige Vortragshalle war proppenvoll. Vor so vielen Leuten hatte Laura noch nie gesprochen. Vor allem nicht auf Englisch, das bei ihr in den letzten Jahren ohnehin ein wenig eingerostet war. Und dann musste sie auch noch eine Weile warten, bis sie an der Reihe war. Mit jedem ihrer Vorredner wurde es schlimmer. Als der Diskussionsleiter sie dann endlich ankündigte, lagen ihre Nerven endgültig blank. Wie in Trance stieg Laura die Treppe zur Bühne hinauf. Zum Glück blendeten die Scheinwerfer, denn so konnte sie die vielen Zuhörer nicht sehen, die gespannt auf ihren Vortrag warteten.

„Ladies and Gentlemen", begann Laura ihre Rede. Wie durch ein Wunder verflüchtigte sich nach wenigen Minuten ihre Nervosität. Auch von Schauspielern weiß man, dass sich ihr Lampenfieber schnell legt, wenn sich der Vorhang erst einmal gehoben hat. Das Warten darauf ist das Schlimmste. So war es auch bei Laura. Ihr Englisch machte ebenfalls keinerlei Probleme, und sie spulte ihren Vortrag ziemlich professionell ab. Als Laura zwischendurch auf die Uhr sah, stellte sie fest, dass sie schneller vorgetragen hatte als zu Hause beim Üben. Deshalb wurde sie viel früher fertig als geplant. Das kleine bisschen Nervosität, das noch übrig war, verging vollends, als Laura tosenden Applaus bekam. In diesem Moment fühlte sie sich frei, erleichtert und einfach großartig. Die vielen Zuhörer applaudierten begeistert! Nicht nur das! Da noch etwas Zeit war, erlaubte der Diskussionsleiter Fragen des Publikums. Die Experten fragten viel und Laura, jetzt überaus selbstbewusst und richtig gut drauf, genoss das sehr. Sie beantwortete alle Fragen höchst professionell und für die Zuhörer zufriedenstellend.

„Vielen herzlichen Dank für diesen außerordentlich prägnanten Vortrag, Frau Schilberg", lobte der Diskussionsleiter, als er Laura unter weiterem Applaus verabschiedete. „Wie Sie sehen, meine Damen und Herren, kann man mit einem kurzen und knackigen Vortrag viel Interesse wecken."

Laura genoss ihren Erfolg. Zu Recht! Als sie von der Bühne ging und sich auf ihren Stuhl in der ersten Reihe sinken ließ, fühlte sie sich unbeschreib-

lich gut. Einfach großartig! Die zentnerschwere Last von Nervosität und Angst fiel wie ein Mühlstein von ihr ab. Das Adrenalin hatte sich abgebaut, und nun machte sich die Müdigkeit der letzten schlaflosen Nacht bemerkbar. Laura hatte Kopfschmerzen, aber das machte nichts. Sie hatte ihren Job gut gemacht. Nur das zählte. Sie hatte sich nicht blamiert, sondern das genaue Gegenteil erreicht. Und während Laura so in Gedanken versunken dasaß, klopfte jemand von hinten auf ihre Schulter.

„Entschuldigen Sie, wenn ich Sie einfach anspreche, Frau Schilberg", sagte eine markante männliche Stimme. Laura drehte sich um und erblickte einen gut aussehenden, graumelierten Herrn hinter sich. Eine gepflegte Erscheinung in dunkelblauem Anzug.

„Oh, ich bitte Sie!", antwortete Laura. Der attraktive, schätzungsweise 60-jährige Herr machte schon etwas Eindruck auf die junge Frau.

„Mein Name ist Stieglitz!", stellte er sich vor. „Ihr Vortrag war einfach toll! Hätten Sie in der Kaffeepause kurz Zeit für mich?"

Selbstverständlich konnte und wollte eine junge, weltoffene Frau wie Laura Schilberg das Angebot eines so eleganten Herrn nicht ablehnen. So traf sie sich mit Herrn Stieglitz auf einen Kaffee. Dieses Date sollte für Laura sehr wichtig werden. Sie bekam eine Einladung des Leibnitz-Institutes, auf einer exklusiven Tagung denselben Vortrag noch einmal zu halten. Natürlich nahm Laura an. Zum ersten Mal in ihrem Leben war sie eingeladene Gastrednerin. Kost und Logis sowie Reisekosten selbstverständlich frei. Nicht schlecht! Laura Schilberg war die einzige Doktorandin, die vor Professoren und erfahrenen Wissenschaftlern sprach. Laura merkte jedoch schon bei dem Gedanken an den nächsten Vortrag, dass trotz aller Bestätigung wieder ungute Gefühle in ihr aufstiegen. Was könnte sie dagegen tun?

***

4.2 Theorie

Was verbinden Sie mit dem Wort Angst? Angst während der Promotion? Angst vor der Prüfung, Angst vor einem Vortrag, Angst schlecht dazustehen, Angst vor dem Scheitern? Haben Sie schon einmal Angst gehabt, eine Frage zu stellen? Im Folgenden werden einige Methoden zum Umgang mit Angst beschrieben. Sie wären sicher nicht die erste Person, die während der Promotion mit Ängsten konfrontiert wurde. Fast jeder hat Ängste, aber kaum jemand spricht darüber. Je höher in der Hierarchie, umso weniger.

Was ist eigentlich Angst? Angst ist zunächst einmal ein unangenehmes Gefühl, das wir verspüren und das sich z. B. in feuchten Händen, steigender Atemfrequenz oder schnellerem Herzschlag bemerkbar macht. Angst wirkt, und das ist wichtig zu wissen, auf die eigenen Gedanken und letztlich sogar auf das eigene Verhalten. Wir fühlen uns angespannt, sind reizbarer und können oftmals nicht einschlafen. Manche Menschen ziehen sich aus Angst zurück. Auswege aus der Angst werden zum Teil in der Einnahme von Medikamenten oder Alkohol gesucht.

Ängste können als Folge körperlicher Erkrankungen wie z. B. Herzkrankheiten, Atemwegserkrankungen oder Schilddrüsenüberfunktion entstehen. In diesem Kapitel geht es um sogenannte psychisch bedingte Ängste, also solche, bei denen keine körperlichen Ursachen vorliegen. Wir sprechen hier auch nicht von Ängsten, bei denen psychiatrische Hilfe notwendig ist. Preetz [1] unterscheidet zwei zentrale Mechanismen der Angst: Angst als erlernte Reaktion und Angst als Ausdruck tieferliegender emotionaler Probleme. Haben Sie eine Musik, die Sie mit einem emotional positiven Moment verbinden? Z. B. mit Ihrer ersten großen Liebe? Wenn Sie diese Musik hören, denken Sie unmittelbar an Ihre damaligen positiven Gefühle und fühlen sich wie in einer Zeitmaschine in die Situation zurückversetzt, oder? Dieses Prinzip funktioniert leider auch mit negativen Gefühlen wie Angst. Angst wird zur Reaktion auf äußere Reize. Es kann dabei passieren, dass der äußere Reiz gar nicht mehr wahrgenommen wird, sondern nur die Angst als Folge.

Woher kommen unsere Ängste?

Woher kommen denn nun Ängste? Die Psychologin Doris Wolf [2] bietet drei Erklärungen für die Ursache von Ängsten an:
1. Angst ist angeboren und nicht abbaubar,
2. Angst wird von Natur aus durch bestimmte Reize ausgelöst, oder
3. Menschen erzeugen ihre Ängste selber.

Doris Wolf argumentiert: Würde 1. gelten und Angst wäre angeboren und nicht abbaubar, dann könnte es kaum möglich sein, seine Ängste zu überwinden und Situationen, die einmal angstbehaftet waren, zu einem späteren Zeitpunkt angstfrei zu erleben. Dies kann aber beobachtet werden. 1. gilt also offenbar nicht. Nun zu 2.: Würde Angst von Natur aus durch bestimmte Reize ausgelöst, dürfte es keine Unterschiede zwischen verschiedenen

Personen geben. Faktisch gibt es aber massive Unterschiede in der individuellen Angstwahrnehmung. Also ist auch 2. widerlegt. Nun bleibt noch 3.: Wir produzieren unsere Ängste selber. Ist das nicht etwas zynisch? So wirkt es vielleicht auf den ersten Blick, aber es eröffnet große Chancen im Umgang mit Ängsten. Ängste sind tatsächlich individuelle Interpretationen von Situationen.

Angst wird zur Reaktion auf äußere Reize

Gefühle und daher auch Angst entstehen nach dem sogenannten ABC-Modell in drei Schritten: Eine Situation (A) wird von uns erlebt. Nun wird diese Situation blitzschnell auf Basis unserer Erfahrungen bewertet (B) und es stellt sich eine der Bewertung entsprechende Reaktion ein (C), hier die Angst.

Ein Beispiel:
(A, Situation): Spaziergang alleine nachts im Wald
(B, Bewertung): Nachts in den Wald zu gehen, ist gefährlich. Das haben meine Eltern mir immer gesagt, und auch Oma hatte immer Angst.
(C, Reaktion): Sie empfinden Angst.

Fallen Ihnen Beispiele aus Ihrem Leben ein?

Angst ist auch eine lebenswichtige Schutzfunktion

Spannend ist nun, dass es für das Gehirn keine Rolle spielt, ob man sich eine Situation nur vorstellt oder sie wirklich erlebt. Die Gefühle sind die gleichen. Gedanken und Bilder im Kopf erzeugen die gleichen Gefühle wie real erlebte Situationen. Daher visualisieren viele Sportler z. B. beim Abfahrtsski vor der Abfahrt viele Male, wie sie auf der Ideallinie heruntersausen und das Rennen gewinnen. Was würden Sie über einen Champion beim Abfahrtsski denken, der sich viele Male vorstellt, wie er aus der Kurve fliegt und das Rennen verliert? Verrückterweise tun Menschen bezüglich der Situationen, die angsteinflößend für sie sind, aber genau dies: Sie stellen sich wieder und wieder vor zu scheitern, z. B. in der Promotionsprüfung. Die Angst wird damit immer stärker. Sie festigt sich aufgrund des wiederholten „Erlebens". Obwohl die ängstigende Situation irreal ist.

Sehr polarisierend könnte man sagen, „Menschen produzieren ihre Ängste selber" – je nachdem, wie sie auf eine Situation reagieren. Damit ist nicht gemeint, jeder sei für seine Angst selbst verantwortlich, das wäre eine wenig hilfreiche Interpretation, sondern, dass Angst ein individuelles Erleben einer Situation ist.

Kennen Sie Menschen, die Extremsportarten betreiben wie Bungee-Jumping oder Fallschirmspringen? Was sagen diese Menschen auf die Frage, ob sie bei der Ausübung dieser Sportarten nicht Angst hätten? „Natürlich habe ich Angst – das ist ja der Kick!" Dies ist ein Beispiel für positives Erleben einer Situation, die auch als Angst erlebt werden könnte. Viele Menschen treiben deshalb keine Extremsportarten.

Wann begegnen Sie bei der Promotion Ängsten?

In welchen Situationen können nun bei der Promotion Ängste auftreten? Denkbar wäre: Angst vor Ablehnung beim Bewerben, Angst vor Ablehnung durch den Professor wegen z. B. zu geringer Leistung, Angst, im Team keine Anerkennung zu finden, Angst vor mit der Promotion zusammenhängender Veränderung, z. B. Umzug in eine neue Stadt, Angst vor Unwiderrufbarkeit der Publikation der Dissertation, Angst vor dem Publikum bei Vorträgen, Angst vor der Sprache und Kultur bei Promotion im Ausland, Angst vor der Promotionsprüfung, Angst, zu kurz zu kommen, Angst vor Überforderung, Angst vor dem Schreiben eines Antrags auf Forschungsgelder, Angst vor einem Kundenbesuch, ... Ist Angst nun etwas Hinderliches? Nicht nur, Angst ist auch eine lebenswichtige Schutzfunktion, die zunächst einmal unerlässlich wichtig ist. Die Angst, eine Schnellstraße zu überqueren, oder die Angst vor dem Abgrund bei einer Wanderung auf schmalem Grat in den Alpen hilft uns zu überleben. Allerdings hemmen uns unsere Ängste auch oft bei der eigenen Weiterentwicklung. Im Promotionsalltag sind Ängste zumeist jedoch eher Entwicklungshemmung als Schutzfunktion. Oder etwas pointierter formuliert: „Da wo deine Angst ist, da musst du hin, denn dort ist dein Entwicklungspotenzial." Es geht uns – und dies ist wichtig – nicht um behandlungsbedürftige Ängste, sondern um solche, die uns in unserer persönlichen Weiterentwicklung hemmen!

Was kann man nun tun, um mit Ängsten während der Promotion umzugehen?

Sie können sich zunächst fragen, ob die Angst sinnvoll ist. Beispielfragen wären:

- Wird das, vor dem Sie Angst haben, tatsächlich und sicher eintreten?
- Wie wahrscheinlich ist es statistisch?
- Was wäre, wenn das Ereignis eintritt?
- Wie gehen andere Menschen dann wohl mit dem Ereignis um?
- Was würden Sie einbüßen, wenn Sie die angstbehaftete Situation vermeiden?
- Was ist das Schlimmste an Ihrer Angst?
- Auf was könnten Sie sich fokussieren, um positive Gedanken zu bekommen?

Reaktionen auf Angst

Ihr nächster Schritt nach vorne könnte Sie dorthin führen, wo heute noch Ihre Angst ist

Grundsätzlich gibt es drei verschiedene Reaktionen auf Angst: Kampf, Flucht nach Eintritt der angsteinflößenden Situation und Vermeidung der Situation. Keine dieser Strategien wirkt gegen die Angst selber. Insbesondere die Vermeidungsstrategie ist gefährlich. Denn die Angst bleibt bestehen oder wird evtl. sogar stärker, weil die Erfahrung, dass die Angst unangemessen für die Situation ist, vermieden wird. Ebenso schlecht sind die Strategien: Betäubungsmittel, Sprung ins kalte Wasser, Ablenken von der Angst oder Verstecken der Angst, weil auch diese nicht gegen die Angst an sich helfen – auch nicht die Methode „Sprung ins kalte Wasser", die hin und wieder als Klassiker angesehen wird, denn hier wird die Angst lediglich mit Anstrengung beherrscht, nicht aber aufgelöst.

Es gibt verschiedene Techniken, die dazu beitragen können, Ängste zu verkleinern und sie im besten Fall sogar aufzulösen. Näher wollen wir auf die folgenden Techniken eingehen:

– Kino-Phobietechnik

Die Kino-Phobietechnik [1] basiert darauf, dass bei vielen Ängsten ein innerer Horrorfilm abläuft, der die Angst dann noch verstärkt. Wenn Sie nun Ihren inneren Film ändern könnten, wäre auch Ihre Reaktion auf Ihren Film anders und würde nicht zu Angst führen. Bei Skirennfahrern kann man, wie oben schon erwähnt, vor dem Start oft beobachten, wie sie mit geschlossenen Augen und mit dem Kopf wackelnd die Strecke als inneren Film visualisieren. Denken Sie, einer dieser Rennfahrer stellt sich dabei vor zu stürzen? Nein, sicher nicht! Stürzen sie manchmal trotzdem? Ja, natürlich.

Schritt 1: Lassen Sie Ihren Angstfilm ablaufen. Stellen Sie sich dabei vor, Sie würden sich selber von außen beobachten. D. h. Sie sehen sich dabei zu, wie Sie im Kino sitzend Ihren Angstfilm ansehen.
Schritt 2: Verändern Sie den Film z. B. durch andere Farben, andere Musik, etc. Lassen Sie nun den veränderten Film von der Stelle an laufen, an der Sie mit der Angst konfrontiert werden. Lassen Sie diesen Film bis zu der Stelle laufen, an der Sie wieder in Sicherheit sind. Frieren Sie diese Schlussszene als Standbild ein.
Schritt 3: Lassen Sie nun den Film im Zeitraffer, also in ca. ein bis zwei Sekunden, rückwärts ablaufen: Beginnen Sie also mit dem Standbild. Wiederholen Sie diesen Schritt noch zweimal.
Schritt 4: Nun testen Sie Ihren Ursprungsfilm und prüfen, ob Ihre Angst noch auftaucht. Sollte dies der Fall sein, wiederholen Sie die Schritte ab Schritt 1.

– Klopftechnik

Eine weitere Technik im Umgang mit Angst ist die sogenannte Klopftechnik [1], sozusagen eine Selbst-Akupunktur ohne Nadeln. Ein wichtiger Begründer dieser Technik ist der amerikanische Psychologe Fred Gallo. Es gibt eine Reihe von Erklärungen zur Wirksamkeit der Klopftechnik. Auf diese Erklärungen verzichten wir an dieser Stelle bewusst, weil die Darstellung aller Erklärungsansätze viel Platz beanspruchen würde. Unser Appell an dieser Stelle ist: Probieren Sie die Technik aus und prüfen Sie, ob sie bei Ihnen wirkt. Damit kommen Sie schneller zu einer Einschätzung ob die Klopftechnik für Sie nützlich ist oder nicht.

Schritt 1: Benennen Sie Ihre Angst und bestimmen Sie Ihre Intensität auf einer Skala von 0 bis 100 %.
Schritt 2: Klopfen Sie den „Karatepunkt“ (den Punkt an der Handkante, direkt unterhalb des kleinen Fingers) mit etwa 4 Schlägen pro Sekunde und sagen Sie dabei dreimal hintereinander laut oder in Gedanken „Ich akzeptiere mich voll und ganz, auch wenn ich ...“. Hier ergänzen Sie Ihre konkrete Angst.
Schritt 3: Beschäftigen Sie sich nun gedanklich weiterhin mit dem Problem, während Sie in der Reihenfolge aus der Abbildung unten auf Ihre Akkupunkturpunkte klopfen. Dabei wird bei jedem Akkupunkturpunkt eine kurze Erinnerungsphase eingelegt, in der Sie ein Wort oder eine kurze Aussage zur Lösung Ihrer Angst sprechen oder denken.
Schritt 4: Denken Sie nun an die angsteinflößende Situation und benennen Sie die Intensität auf einer Skala von 0 bis 100 %.

Handkanten- oder Karatepunkt

Augenbraue

Seite des Auges

Unter dem Auge

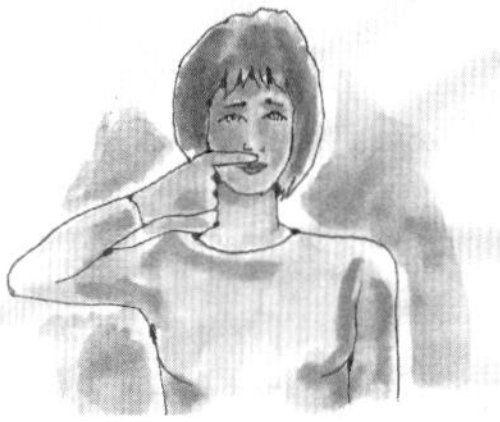
Unter der Nase

Unter der Lippe

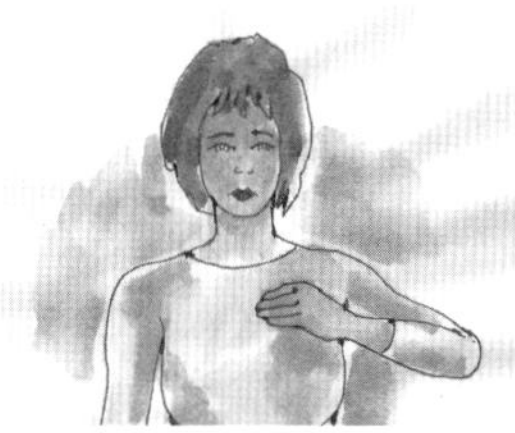
Schlüsselbein

Unter dem Arm

Auf dem Kopf

Klopftechnik

4.3 Anwendung

Ist es wirklich so, dass das, vor dem Sie Angst haben, eintreten wird? Notieren Sie Ängste in Bezug auf die Promotion.

Wie wahrscheinlich ist es statistisch, dass das, vor dem Sie Angst haben, eintreten wird?

Was wäre, wenn das Ereignis eintritt?

Wie gehen andere Menschen mit dem Ereignis um?

Was würden Sie einbüßen, wenn Sie die negative Situation vermeiden?

Sprechen Sie mit jemandem, der vor Ihrer Situation keine Angst hätte, über Ihre Angst. Was sind Ihre Erkenntnisse?

Auf was könnten Sie fokussieren, um positive Gedanken zu bekommen?

✎ ____

____

____

4.4 Herausforderungen

- ☐ Die Herausforderung des Themas Angst ist die Bereitschaft, sich seinen Ängsten zu stellen und anzuerkennen, dass man Angst hat. Danach ist es in vielen Fällen einfacher, etwas gegen die Angst zu tun.
- ☐ Konzentrieren Sie sich auf Ihre Stärken statt auf das, was noch fehlt.
- ☐ Bauen Sie Ihr Selbstvertrauen auf, indem Sie Erfolgserlebnisse erringen.
- ☐ Setzen Sie sich mit Ängsten auseinander.
- ☐ Lenken Sie Ihre Aufmerksamkeit auf positive Dinge, z. B. auf Dinge, für die Sie dankbar sind.

4.5 Das Wichtigste in Kürze

Ängste sind unsere eigenen Interpretationen von Situationen. „Wir machen unsere Ängste selber!" Daher kann man in vielen Fällen Ängste besiegen. Das Auftauchen von Ängsten können wir willentlich nicht beherrschen. Wir können aber unsere Reaktion auf den Angstreiz ändern. Dazu gibt es Techniken wie z. B. die Kino-Phobietechnik oder die Klopftechnik.

4.6 Reflexionsfragen

- ☐ Wie würden Sie handeln, wenn Sie keine Ängste hätten?
- ☐ Welche Gedanken machen Ihnen immer wieder Angst?

- ☐ Was ist das Schlimmste daran, wenn das angstvolle Ereignis eintritt?
- ☐ Was müssen Sie verändern, damit Sie davor keine Angst mehr haben müssen?
- ☐ Was bedeutet für Sie Angst?
- ☐ Für was sind Sie dankbar? Welche positiven Gedanken könnten Ihre Ängste schwächen?
- ☐ Wer könnte im Umgang mit dem, wovor Sie Angst haben, ein Vorbild sein?
- ☐ Was wurde aus den Ängsten, die Sie in Ihrer Vergangenheit erlebt haben?
- ☐ Welchen Einfluss hat die Angst auf den jetzigen Augenblick?

4.7 Literatur

[1] Norbert Preetz: *Nie wieder Angst: So lösen Sie Ängste in Minuten*, Verlag Erfolg und Gesundheit, 2015

[2] Doris Wolf: *Ängste verstehen und überwinden*, PAL Verlagsgesellschaft, 2016

5. Kapitel:
Krisen – Wenn es nicht wie bisher weitergeht

„Der Mensch bleibt in kritischen Situationen selten auf seinem gewohnten Niveau. Er hebt sich darüber oder sinkt darunter.“
Alexis de Tocqueville

* * *

5.1 Wenn das Fass überläuft

Wie in jedem Jahr stieg vor Beginn der Ferien wieder das traditionelle Sommerfest des Instituts auf dem großen hauseigenen Parkplatz. Alle aktuellen Mitarbeiter, aber auch solche, die früher hier einmal gearbeitet oder promoviert hatten, fanden sich an diesem lauen Sommerabend ein. Laura freute sich schon seit Tagen auf dieses Event. Sie mochte Feten, besonders, wenn sie draußen stattfanden. Dieses Jahr hatte das Institut richtig Glück mit dem Wetter: ein strahlend blauer Himmel mit nur ein paar vereinzelten weißen Wölkchen und überaus angenehme Temperaturen. Entsprechend ausgelassen war auch die Stimmung. Genießerherz, was willst du mehr? Laura hatte gerade beschlossen, sich ein zweites Steak zu holen, und bahnte sich mit ihrem Teller ihren Weg durch die Leute zum Grill, als ihr zwei ältere Herren auffielen. Der eine war ziemlich konservativ, aber elegant gekleidet mit einer beigen Bundfaltenhose und einem blauen Hemd, der andere eher sportlich, mit ausgewaschenen Jeans und einem weißen Hemd. Dessen ganze Erscheinung und vor allem die braun gebrannte Haut ließen darauf schließen, dass er oft einen Sport im Freien ausübte. Beide gehörten zu der Kategorie „Silberlocke“, hatten also graumeliertes bis silbergraues Haar. Sie gingen aufeinander zu, und Laura hörte im Vorbeigehen, wie sie sich begrüßten:

„Hey! Schön dich wiederzusehen, Niels!“, sagte der Elegante mit dem blauen Hemd gerade.

„Grüß dich, Andreas!“, erwiderte dieser lächelnd und musterte den anderen von oben bis unten. „Mensch, du siehst ja wie immer blendend aus!“

Da zum Sommerfest nicht nur die aktuellen, sondern auch viele ehemalige Mitarbeiter eingeladen waren, stufte Laura die beiden Herren in die Kategorie „Ehemalige“ ein.

Der Grill war die am meisten frequentierte Location. Kein Wunder, denn der herrliche Duft von gegrillten Steaks und Würstchen verfehlte seine Wirkung nicht. Laura hatte sich angestellt und wartete in der Schlange, bis sie an der Reihe war. Direkt hinter ihr reihte sich Niels, der schlanke, sportliche Herr ein. Als Laura sich flüchtig zu ihm umdrehte, begrüßte er sie gleich:

„Darf ich mich vorstellen? Mein Name ist Niels Schmitz! Ich war vor vielen Jahren Doktorand bei Professor Cornelius."

„Oh, wie interessant!", antwortete Laura überrascht und schüttelte ihm die Hand. „Ich bin Laura Schilberg. Und Doktorandin von Professor Cornelius."

„Was für ein Zufall, Frau Schilberg! Dann haben wir ja etwas gemeinsam", schmunzelte Dr. Schmitz, und die beiden begannen gleich ein sehr angeregtes und angenehmes Gespräch, mit dem sie die Wartezeit bis zu den Steaks überbrückten.

„Wie läuft es denn bei Ihnen so hier am Institut?", fragte Dr. Schmitz. „Ich meine, wie steht es um Ihre Dissertation?"

„Na ja ...", antwortete Laura gedehnt. Sie wollte nicht so gerne über dieses Thema sprechen. „Ich bin ja noch ganz am Anfang. Mein erstes Promotionsjahr ist gerade erst zu Ende gegangen."

„Sind Sie mit Ihrem ersten Jahr zufrieden?"

„Mehr oder weniger", gab Laura ehrlich aber knapp zurück.

„Ja, das erste Jahr bei Professor Cornelius ... Das hat was!", meinte Dr. Schmitz scherzend.

„Können Sie mir vielleicht einen Insider-Tipp geben?", fragte Laura und grinste schelmisch. „Welche Fehler sollte ich auf alle Fälle vermeiden?"

„Ja, da gibt es schon ein paar Tipps, die ich Ihnen verraten kann, Frau Schilberg. Ich schlage vor, wir holen uns die Steaks und führen unser Gespräch dann beim Essen fort."

Laura, die nun an die Reihe kam, war einverstanden. Dieser Dr. Schmitz hatte Charisma. „Das wird bestimmt ein fruchtbares Gespräch", dachte sich Laura und freute sich darauf.

Laura und Dr. Niels Schmitz hatten sich je ein leckeres und herrlich duftendes Steak und Beilagen auf ihren Teller laden lassen. Dann setzten sie sich etwas abseits auf eine der Biergarnituren.

„Also, ich kannte mal einen Doktoranden, der eines Tages bei Professor Cornelius saß und diesen anfauchte: ‚Wieso muss ich eigentlich Ihre Dissertation schreiben? Ich hab keinen Bock auf dieses Scheiß-Thema!'", begann Schmitz.

„Nein! Wirklich?"

„Ja! Und raten Sie mal, wer dieser Doktorand war", sagte Schmitz lächelnd und zeigte dabei mit dem Daumen auf sich.

„Sie?", fragte Laura erstaunt. „Das glaube ich nicht! Und wie kam das?"

„Na, das ist eine längere Geschichte", wehrte Schmitz ab, doch Laura

blieb hartnäckig, bis er nachgab und ihr die Story erzählte: Damals hatte Niels Schmitz gerade seit drei Jahren an seiner Doktorarbeit geschrieben. Zu Beginn seiner Promotion schien der Tag der Abgabe der Arbeit so fern, dass Schmitz sich auf die tägliche Arbeit konzentrierte und die Doktorarbeit in den Hintergrund geriet. Er war wirklich mit anderen Dingen beschäftigt: Anträge schreiben, ein Forschungsprojekt bearbeiten und all die Bürokratie. Schmitz' Zeit war einfach ausgefüllt. Irgendwann kam es dann zum ersten Betreuungsgespräch und plötzlich musste Schmitz Stellung dazu beziehen, welches Thema er bearbeiten wollte. „Ich wusste aber nicht, für welches Thema ich mich entscheiden sollte", gab er zu.

„Und was haben Sie dann gemacht?", fragte Laura gespannt.

„Da waren so viele Kriterien, nach denen man das Thema wählen konnte ...", erzählte Schmitz weiter. Je mehr Leute er um Rat gefragt hatte, desto mehr Antworten gab es: Wähle ein Thema, das dir den Jobeinstieg erleichtert. Wähle das Thema, das dir am meisten Spaß macht, nur das ist wichtig! Wähle ein Thema, mit dem du deine Promotion einfach finanzieren kannst, und so weiter, und so weiter. Am Ende wusste Schmitz nicht mehr, was er vorschlagen sollte, aber irgendwas musste er ja wählen. „Ich versuchte mich aus der Affäre zu ziehen, indem ich drei verschiedene Themen vorschlug. Ich war zwar von keinem richtig begeistert, aber schlecht waren sie auch nicht."

„Wie hat Professor Cornelius reagiert?", wollte Laura wissen.

Dr. Schmitz erzählte, dass Cornelius damals bei den drei Varianten aufmerksam zugehört hatte. Er hatte auf Schmitz aber leicht genervt gewirkt. Schmitz hatte den Vorwurf der Unentschlossenheit gespürt, ohne dass Cornelius ein Wort in diese Richtung gesagt hatte. Heute war sich Schmitz sicher, dass der Vorwurf lediglich in seinem Kopf, aber nicht von Cornelius beabsichtigt war. Als Schmitz mit seiner Erläuterung fertig gewesen war, hatte Cornelius gesagt: „Das ist ja eine ganz schöne Breite an Themen. Welches ist Ihr Favorit?"

„Es sind für mich alles gute Themen", hatte Schmitz ausweichend geantwortet.

Cornelius hatte dann begonnen, aus den vorgeschlagenen Themen und einigen zusätzlichen thematischen Ergänzungen einen Themenvorschlag zu entwickeln, in dem alle drei Themen irgendwie vorhanden waren und spezifische, aktuell bedeutsame Aspekte ergänzt wurden. Abschließend hatte Cornelius die Motivation zu diesem Thema bündig und geschliffen zusammengefasst.

„Ja, das Thema ist gut", hatte Schmitz am Ende bestätigt. Sein Ziel, endlich ein Dissthema zu haben, war damit erreicht. Später in der Mensa hatte Schmitz einem Kollegen von seinem Promotionsthema erzählt.

„Wofür machst du das? Was willst du mit deiner Diss bewirken?“, hatte ein Kollege nachgefragt. Schmitz hatte die Argumentation von Cornelius aus dem Promotionsgespräch zitiert, aber gleichzeitig gemerkt, dass er sich an das Thema erst noch gewöhnen musste. Diese Gewöhnung war allerdings nicht eingetreten. Ein neues Thema zu definieren war Schmitz damals aber über die Dauer der Bearbeitung immer unlogischer erschienen, weil er eventuelle, bereits geleistete Arbeit dann nicht mehr nutzen konnte. Weil er dann bei Cornelius eingestehen musste, dass das Thema doch nicht zu ihm passte. Weil er laufende Projekte hatte, die die Promotion finanzierten, und dies für ein neues Thema nicht der Fall gewesen wäre. Weil Schmitz kein wirklich besseres Thema hatte. Mit der Zeit hatte sich die Situation immer weiter zugespitzt. Insbesondere in den Phasen hoher Belastung hatte Schmitz gemerkt, dass er extrem viel Energie aufwenden musste, obwohl ihm Schreiben sonst nie schwergefallen war. Seine Masterarbeit zum Beispiel hatte Schmitz in den Ferien an einem Stück geschrieben und richtig Spaß dabei gehabt. Doch nun hatte er erstmals in seinem Leben eine Schreibhemmung gehabt und feststellen müssen, dass seine eigenen Gedanken zunehmend nicht mehr zum Anspruch seines Doktorvaters passten.

„Tja, und in besagtem Betreuungsgespräch, in dem Cornelius mir fachlich auf den Zahn fühlte, sind mir dann einfach die Sicherungen durchgebrannt“, schilderte Dr. Schmitz. Er hatte sein Steak und den Kartoffelsalat bereits trotz des vielen Geredes aufgegessen. „Ich brachte das seit drei Jahren aufgestaute Gefühl auf den Punkt und schrie ihn an!“, sagte Dr. Schmitz.

„Und, wie hat Cornelius reagiert?“, fragte Laura.

„Erstaunlich ruhig. Er grinste mich an, irgendwie, als wenn er auf die Explosion gewartet hätte. Er war kein bisschen sauer oder so.“

„Und die Moral von der Geschichte?“, wollte Laura wissen und sah ihren Gesprächspartner fragend an.

„Die Moral von der Geschichte ist: Vermeiden Sie den Fehler, Probleme ungelöst zu lassen und die Lösungssuche aufzuschieben“, sagte Dr. Schmitz mit eindringlichen Worten. „Kaum etwas erledigt sich von selber. Das gilt nicht nur für die Diss! Wenn das Fass überläuft, hat es in der Regel zu lange hineingetropft. Am Ende werden aus kleinen Dingen Krisen. Denn Krisen sind nur aufgeschobene oder ungeklärte Probleme.“

„Da haben Sie recht, Herr Dr. Schmitz, das werde ich mir hinter die Ohren schreiben!“, sagte Laura anerkennend. „Und jetzt holen wir uns noch eine leckere Bratwurst. Außerdem spendiere ich Ihnen ein Bier. Schließlich ist Sommerfest, und Sie haben jetzt bestimmt Durst nach dieser langen Geschichte.“

***

5.2 Theorie

Viele Promovierende denken einmal über den Abbruch der Promotion nach

Krisen in der Promotion – muss das wirklich sein? Nein, natürlich müssen Sie nicht zwangsläufig in eine Krise geraten, aber tatsächlich denken viele Promovierende im Laufe der Promotion zumindest einmal über deren Abbruch nach. Solche Gedanken sind oft Symptom einer Krise. So, wie es momentan ist, geht es dann nicht weiter, und wie es anders weitergehen könnte, ist unklar. In der Folge kommt es zu massiven Veränderungen. Die möglicherweise für Sie seltsam anmutende Alternative zu massiver Veränderung ist dann oft: Einfach weitermachen wie bisher. Kommt so etwas wirklich vor? Kennen Sie vielleicht selbst solche Situationen?

Dieses Kapitel dient der Vorbeugung von Krisen.

9:00 Uhr „Ihre Finanzierung läuft aus."

21:00 Uhr „Ich mache Schluss."

Promotionskrise

Was ist eine Krise?

„Eine Krise ist eine schwierige Lage, Situation oder Zeit, die den Höhe- bzw. Wendepunkt einer gefährlichen Entwicklung darstellt", ist im Duden zu lesen. Täglich lesen und hören wir von Krisen in der Welt; große Einschnitte in der Geschichte, wie die Wirtschaftskrise der 1930er Jahre, sind Teil des gesellschaftlichen Bewusstseins geworden.

Zum Teil wird der Begriff der Krise auch inflationär gebraucht. Niemand hat eine Krise, wenn er die Milch beim Einkaufen im Supermarkt vergessen hat, auch wenn so etwas natürlich immer wieder gesagt wird („O Mann, ich krieg die Krise!“). Wir meinen an dieser Stelle also nicht die täglichen Missgeschicke unseres Lebens, sondern Schlüsselstellen, an denen die bisherigen Strategien im Umgang mit Herausforderungen im Leben nicht mehr funktionieren.

… Und plötzlich ist die Krise da

Dies ist in der Regel mit starken Auswirkungen verbunden. Der Glaube an die eigene Fähigkeit, die Situation zu bewältigen, erlischt mehr und mehr, gleichzeitig wird der Blick für potenzielle Alternativen immer enger. In Krisensituationen werden oft bislang als völlig selbstverständlich genommene eigene Ziele und Lebensprämissen infrage gestellt.

In der Regel helfen Gespräche mit Freunden und Familie bei der Bewältigung kleinerer Krisen. In extremen Fällen kann jedoch auch professionelle Hilfe notwendig sein. In diesem Kapitel möchten wir uns hauptsächlich mit der Vorbeugung und nicht nur mit der Bewältigung von Krisen befassen. Die Frage soll also sein: Wie können Sie schon vorher zur Krisenvermeidung beitragen? Dazu fragen wir zunächst: Wie entstehen Krisen eigentlich?

Wie entstehen Krisen eigentlich?

> *Krisen sind nach unserer Vorstellung über längere Zeit ungelöste Probleme*

Ähnlich wie beim Erdbeben, das entsteht, indem sich Spannungen immer weiter aufbauen und sich dann in Form des Bebens plötzlich und scheinbar unvermittelt lösen, ist es auch mit Krisen bei der Promotion. Krisen im Leben können natürlich auch durch Schicksalsschläge wie z. B. Unfälle oder Krankheiten entstehen. In diesen Fällen könne Sie jedoch vorbeugend nichts tun.

Im Falle des Erdbebenbeispiels lässt sich die Verspannung der tektonischen Platten kaum aufhalten. Für den Aufbau von Spannungen durch das „Nicht-Lösen" von Problemen sorgen Sie jedoch selbst! Oder anders gesagt: Viele Erdbeben, die Sie während der Promotion potenziell erwarten, könnten Sie durch regelmäßige Lösung entstehender Probleme vermeiden.

Um es in einem anderen Bild zu beschreiben: Wenn Sie völlig unvorbereitet und aus heiterem Himmel einen Bumerang an den Kopf bekommen, sollten Sie sich zuerst fragen, ob und wann Sie ihn geworfen haben. Tippen Sie nicht gleich auf externe Feinde!

5.3 Anwendung

Möchte man nun regelmäßig „Erdbebenschutz" betreiben und Krisen vorbeugen, ist es wichtig, die Symptome des Spannungsaufbaus zu erkennen. Wie kann das geschehen?

- Holen Sie sich Feedback aus Ihrer Umgebung, dann können Sie, wenn Sie gut hinhören, Spannungen erkennen.
- Klären Sie bestehende Probleme so schnell wie möglich. Aussitzen von Problemen ist selten eine gute Wahl.
- Verhandeln Sie über die Lösung von Problemen.
- Ein hohes Selbstwertgefühl macht es einfacher, sich Problemen zu stellen. Kümmern Sie sich um Ihr Selbstwertgefühl.
- Hören Sie auf Ihr „ungutes" Gefühl.
- Wenn Sie den Eindruck haben, dass sich jemand anders verhält, als Sie es von ihm gewohnt sind, gehen Sie dem nach.
- Nehmen Sie Ihr eigenes Verhalten bewusst wahr, auch darin können sich Symptome für Spannungsaufbau verbergen:
  - Gehen Sie mit anderen anders um, als Sie es von sich erwarten?
  - Haben Sie in manchen Situationen ein dünnes Nervenkostüm?

Achten Sie auf die Situationen in Ihrem Alltag, in denen es nicht rundläuft, und suchen Sie Lösungen.

Welche Vertrauensperson könnten Sie zu Rate ziehen, um Ihr aktuelles Problem zu lösen? Sprechen Sie mit dieser Person. Was haben Sie an neuen Perspektiven daraus gewonnen?

In welchen Etappen könnten Sie das Problem lösen?

Welche Ihrer Ziele oder Bedürfnisse sind durch das Problem potenziell in Mitleidenschaft gezogen worden? Ist dieses Ziel wirklich wichtig für Sie? Könnten Sie neue, für Sie erstrebenswerte Ziele setzen und damit das Problem schwächen?

Was könnten die positiven Seiten des Problems sein, das zur Krise wird oder wurde?

Welche Personen stehen hinter dem Problem, das Basis der Krise ist, und was sind die Bedürfnisse dieser Personen?

Wo ist Ihnen das Problem, das zur Krise führen könnte, schon einmal begegnet? Welche Schlüsse haben Sie aus dieser Erfahrung gezogen? Sind diese Schlüsse für das aktuelle Problem hilfreich?

Falls Sie gerade eine Krise haben (oder sich an eine Krise erinnern können): Welches neue Ziel wäre in der Krisensituation hilfreich (gewesen)?

5.4 Herausforderungen

- ☐ Die eine große Herausforderung ist, die alltäglichen Symptome der Spannungsbildung zu erkennen.
- ☐ Die andere große Herausforderung ist es, sich so zu verhalten, dass Spannungen reduziert werden.
- ☐ Es gilt, neue, erreichbare Ziele zu suchen und das Bisherige loszulassen.

5.5 Das Wichtigste in Kürze

Krisen sind über längere Zeit ungelöste Probleme.

Bauen Sie regelmäßig Spannungen ab, die zu Krisen führen könnten.

In der Krise verengt sich oftmals der Blick für die eigene Lösungskompetenz und die Vielfalt der Alternativen in Bezug auf das Krisenthema. Deshalb sind neutrale Ratgeber wichtig und oft notwendig.

5.6 Reflexionsfragen

- ☐ Wo fällt Ihnen Ihre eigene Weiterentwicklung schwer?
- ☐ Welche Dinge schieben Sie seit Langem auf?
- ☐ Welche Personen könnten Ihnen helfen?
- ☐ Was an dem aufgeschobenen Problem könnte nützlich sein?
- ☐ Was exakt läuft nicht rund?
- ☐ In welchen Themen werden Sie immer wieder emotional getroffen?
- ☐ Treten bestimmte Probleme für Sie immer wieder auf? Welche sind das?
- ☐ Wie steht das Problem zu Ihren Lebensprämissen?
- ☐ An welchen Stellen sind Sie im Konflikt mit Ihrer Umgebung? Welche Ihrer Lebensprämissen sind betroffen?
- ☐ Auf welche Probleme haben Sie keinen Einfluss? Stimmt das wirklich?
- ☐ Woran würden Sie merken, dass das Problem gelöst ist?

5.7 Literatur

Literaturtipps

Doris Wolf: *Ängste verstehen und überwinden*, PAL Verlagsgesellschaft, 2016

6. Kapitel:
Vorbilder – Unerlässlich zum Lernen

„Hör mal, Junge, als George Washington in deinem Alter war, war er Klassenbester!“
„Ja, Papa, aber als er in deinem Alter war, war er Präsident der Vereinigten Staaten von Amerika!“
Kalenderspruch

* * *

6.1 Vorbilder sprechen mit Taten

„Sie werden schon noch lernen, wie das hier läuft!“, sagte Steppenberg überheblich, und wie gewohnt klang seine negative Einstellung mit jedem dieser wenigen Worte so sehr durch, dass die ganze Aura im Büro wieder das genaue Gegenteil von „positiv“ war. „Wissen Sie, Sander, früher war das alles anders. Früher war es besser! Als der alte Institutsleiter noch am Ruder saß, da wäre so etwas nie und nimmer passiert. Aber so sind sie halt, die neuen Chefs. Sie müssen ja zeigen, was sie können. Auch wenn das nichts ist. Wenn die ihre Egos von der Leine lassen, dann interessiert sich keiner mehr dafür, was Sie für diesen Laden alles geleistet haben.“

Julius Sander, der nur wenige Büros von Laura Schilberg entfernt saß, hörte sich diese Leier an und nickte nur. Und wie jedes Mal zwang er sich ein müdes, zustimmendes Lächeln ab. Der junge Doktorand war seit knapp sechs Monaten als wissenschaftlicher Mitarbeiter hier am Institut. In dieser Zeit musste er sich das Büro mit dem alten Geiferer teilen. Sander saß ihm nämlich quer gegenüber und bekam die permanenten Schimpfkanonaden auf dieses, jenes und vor allem auf das Institut und seine Leitung als solches aus erster Hand ab. Dabei wäre Andreas Steppenberg eher der Typ väterlicher Freund gewesen. Ein erfahrener Mitarbeiter, der schon seit 27 Jahren hier arbeitete und einiges an Wissen aufzuweisen hatte. Vom Lehrling am Institut über eine Fachausbildung zum Ingenieur hochgearbeitet, spielte er allerdings nie mit dem Gedanken zu promovieren. Auch vom Typ her gab Steppenberg keineswegs den alten Schwarzseher, sondern mutete eher wie ein gemütlicher, älterer Herr an. Einer, der den schönen Dingen des Lebens nicht abgeneigt war, abends vor dem Kamin in einer dicken Strickjacke Pfeife und Cognac genoss. Wie der Schein doch trügen konnte.

Julius Sander schaute verstohlen auf die Uhr. „Oh Gott, erst zehn“, dachte er sich verzweifelt. Der Kanal vom alten Steppenberg schien schon wieder dicht zu sein. Und es war erst Montagvormittag. Also noch ganze viereinhalb Tage diese Negativtiraden, Schwarzmalerei und das Gerede, wie schlecht doch alles sei. Das hielt er nur aus, indem er entweder die Ohren komplett auf Durchzug stellte oder alles in sich hineinfraß und so selber zum „Frusti“ wurde. Besserung war erfahrungsgemäß erst Freitag nach der Mittagspause in Sicht. Dann hatte Steppenberg normalerweise das Maximum seines Wortschwalls erreicht. Falls er da überhaupt noch kam und sich nicht vorher krankmeldete. Genau genommen gab es ja nichts an Steppenberg auszusetzen, außer den ständigen Tiraden gegen den Rest der Welt, die außerhalb dieses Büros begann. Die waren lästig und kosteten Energie. Der Umgang zwischen Steppenberg und Julius war stets freundlich und formell. Natürlich nicht kumpelhaft wie in anderen Büros, wo alle Bürokollegen promovierten. Gott bewahre! Die Promovierenden waren für Steppenberg schließlich Menschen eines anderen Schlages. Julius Sander gehörte auch zu diesem Schlag. Das ließ er ihn spüren. Steppenberg sprach gerne in abwertendem Ton von den „Herren Doktores“, wenn es um promovierte oder promovierende Mitarbeiter des Instituts ging. Dann ätzte seine Stimme wie konzentrierte Natronlauge.

So ging das Tag für Tag, Woche für Woche und Monat für Monat. Mit der Zeit ereiferte sich der alte Steppenberg in immer mehr kritischen Anmerkungen zum Führungsstil des Institutsleiters und zur generellen Ausrichtung der Strategie des Instituts. Julius Sander teilte diese Auffassungen in der Sache freilich nicht, doch wenn man solche Überzeugungen immer wieder und wieder zu hören bekommt, dann glaubt man das irgendwann. So erging es auch Julius. Täglich hörte er Steppenberg zu. Es blieb ihm ja auch nichts anderes übrig, weil er das Büro mit ihm teilte. Wie Affirmationen verfehlten auch die Tiraden Steppenbergs ihre Wirkung nicht. Sander begann darüber nachzudenken. Erst versuchte er den ganzen „Schmarrn“ einfach zu ignorieren. Doch mit der Zeit wurde auch Sander immer unzufriedener mit den Randbedingungen der Arbeit im Institut. Und ganz langsam, aber dafür umso sicherer rutschte er immer tiefer in die Frustration, glaubte immer mehr, was er da zu hören bekam. Versuche der Gegenrede in Form von Nachfragen oder Kontra-Argumenten wurden sofort und professionell neutralisiert. Steppenberg präsentierte ein Weltbild der Verschwörung gegen sich selbst. Lückenlos, glaubhaft und überzeugend. Zu allem Überdruss geriet auch Julius selber immer stärker in die Kritik. Seine Ergebnisse waren der Institutsleitung nicht mehr gut genug. Es kamen vermehrt kritische Feedbacks, die Sander mit Steppenberg diskutierte. Darauf folgten Kommentare wie: „Sehen Sie, Herr Sander, ich habe es Ihnen ja schon vor sechs

Monaten gesagt, wie der Laden tickt. Als der alte Institutsleiter noch da war, da hätten Sie sich so was nicht anhören müssen."

Es dauerte nicht lange, und der alte Steppenberg wurde für Julius Sander erst zum engen Vertrauten und dann zum Verbündeten. Zu der einzigen Bezugsperson, die ihn verstand. Die ihm ja schon immer gesagt hatte, dass der Institutsleiter ein „mieser Sack" war. Dass die ganze Aura hier nicht stimmte. Dass einfach alles schlecht und negativ war. Und zu Hause, da ging die ganze Chose weiter. Früher, ja früher, da war Sanders Freundin auf seiner Seite gewesen. Da hatte sie Verständnis für ihn gehabt, sich gerne angehört, wenn er von seiner Arbeit erzählte. Aber in den letzten Wochen und Monaten hatte sie sich irgendwie verändert – und zwar in dieselbe Richtung wie diese blöde ‚Bagage' am Institut.

„Tut mir echt leid, aber ich pack das irgendwann nicht mehr!", schimpfte Sanders Freundin Jessica eines Abends, nachdem Julius wieder einmal während eines belanglosen Gesprächs in sein Lieblingsthema abgedriftet war: sein unmöglicher Arbeitsplatz, die unfähigen und hinterhältigen Kolleginnen und Kollegen und natürlich sein liebstes „enfant terrible", der Herr Professor. So ging das schon die letzten Wochen. Der ganze leidige Mist vom Institut blieb abends nicht etwa im Büro zurück, sondern begleitete ihn nach Hause. „Wenn dir das nicht passt, dann musst du dich mal auf deine Hinterfüße stellen und versuchen, es zu ändern!" An jenem Abend platzte seiner Freundin derart der Kragen, dass sie ihre sieben Sachen packte, die Wohnung verließ und zu ihren Eltern fuhr. Nun saß er da, der Julius Sander, wie ein Häufchen Elend. Allein war er jedoch nicht: Eine Flasche Whisky leistete ihm Gesellschaft. Nachdem er sich mit ihrem Inhalt angefreundet hatte, wurde ihm klar: Jessica hatte recht. So konnte und durfte das nicht weitergehen. Er hätte auch gerne etwas an der Situation geändert. Aber was? Die Antwort sollte von alleine und schneller kommen, als gedacht.

Julius Sander saß an diesem entscheidenden Vormittag an seinem Schreibtisch und analysierte Messdaten. Es war kurz nach zehn, und wie fast jeden Tag hetzte Steppenberg wieder über Gott und die Welt oder irgendetwas anderes. Sander hörte gar nicht recht zu und war in seine Arbeit vertieft, als das Telefon läutete.

„Ja, Sander!"

„Herr Sander? Stresemann hier", meldete sich die Sekretärin des Institutsleiters. „Sie möchten bitte zum Herrn Professor kommen!"

„Ja, Frau Stresemann. Mach ich, sobald …"

„Sie möchten bitte SOFORT zum Herrn Professor kommen!"

Das war eine klare Anweisung. Etwa fünf Minuten waren es von Sanders Arbeitsplatz hinauf in den zweiten Stock zum Chefbüro. Fünf Minuten also, um sich zu fragen, was denn nun schon wieder los war. Hatte er erneut einen Fehler gemacht? Gab es wieder einen Anpfiff? Sander hatte keine Zeit, sich darüber größere Gedanken zu machen. Als er ins Vorzimmer kam, stand die Tür zum Büro des Chefs schon offen und die alte Stresemann winkte ihn gleich durch. So wie das oft die Zollbeamten an der Grenze tun, wenn Urlaubsverkehr ist. Sander betrat das Büro und blieb vor dem wuchtigen Schreibtisch seines Chefs stehen. Der Institutsleiter war gerade damit beschäftigt, seine Aktentasche zu packen. Es hatte den Anschein, als hätte der Chef Sanders Ankunft gar nicht bemerkt. Sich einfach hinzusetzen erschien Sander nicht angemessen. Also blieb er stehen und sah wortlos zu, wie sein Chef packte. Irgendwie ging Sander die Muffe und ihm fehlte der Mut, die Kommunikation zu beginnen.

„Ah, Sander!", meinte der Professor endlich und sah kurz auf. „Danke, dass Sie gleich gekommen sind. Wie Sie sehen, bin ich auf dem Sprung. Ich wollte Ihnen auch nur kurz mitteilen, dass Sie das Büro wechseln werden."

„Wie bitte?", fragte Julius. Wieder sah der Professor kurz auf.

„So geht das nicht weiter mit Ihnen! Ich hoffe, dass Sie in Büro 603 und damit in einer anderen Umgebung besser zurechtkommen."

„Ich soll …"

„Die Kollegen in 603 wissen bereits Bescheid. Ab morgen früh werden Sie dort sitzen. Klar?" Der Professor nahm seine Aktentasche und eilte aus dem Zimmer. Julius Sander wusste nicht, wie ihm geschah. Sollte er sich überrannt vorkommen? Oder strafversetzt? „Peinlich", dachte er sich dann. „Jetzt werde ich zwangsweise umgesiedelt, und wahrscheinlich weiß das ganze Institut auch, warum."

Am darauffolgenden Tag zog Julius dann gehorsam um. 603 war ein etwas größeres Büro mit zwei Kollegen, Bernd und Sebastian. Sie hatten anderthalb Jahre Vorsprung und ihren Job fest im Griff. Der dritte Schreibtisch war bislang nur ab und zu von ihren Master-Mitarbeitern genutzt worden, und auch das Telefon konnte man zu zweit sehr viel einfacher teilen als zu dritt. Julius Sander merkte vom ersten Moment an, dass die beiden keine gesteigerte Lust auf ihn hatten. Entsprechend gedämpft wurde er auch empfangen. Nach einiger Zeit pendelte sich die Zusammenarbeit des neuen Trios allerdings auf einem guten Niveau ein. Bernd und Sebastian waren ziemlich erfolgreich und hatten eine völlig andere Weltanschauung und vor allem eine komplett andere Haltung zum Institut und seiner Leitung als der alte Steppenberg. Ihre Zielerreichung organisierten sie systematisch, und durch ihre Standpunkte im Hinblick auf viele Positionen der Chefetage war ihr Blick durchaus auch kritisch. Am Ende galt für sie aber die Devise: „Ich will meine Dissertation und der Chef seine Anträge und Publikationen. Das Leben ist ein Geben und Nehmen. Diese Phase des Lebens dauert die nächsten fünf Jahre und keinen Tag länger." Eine recht gesunde Einstellung, die sich Julius Sander nach kurzer Zeit auch aneignete. Die Beziehung zu seinen neuen Kollegen wurde mit der Zeit auch immer besser und sollte sich sogar zu einer echten Männerfreundschaft entwickeln. Bernd erzählte oft von einem Satz, den ihm sein Vorgänger mit auf den Weg gegeben hatte: „Bei der Abgabe deiner Dissertation musst du im Zenit stehen. Nicht vorher! Zu viele brennen vorher aus …"

Es dauerte kaum drei Monate, und Julius Sander war Teil eines homogenen und erfolgreichen Teams. Seine Leistungen lagen sogar über denen seiner beiden Kollegen und auch sein Chef machte keinen Hehl daraus, wie froh er über diese ‚wundersame Wandlung' des Julius Sander war. Dabei hatte sich eigentlich gar nichts geändert. Nur die innere Einstellung von Julius selbst. Und noch was: Mit seiner Freundin hatte sich Julius Sander schnell wieder versöhnt. Auch ihr war die ‚wundersame Wandlung' nicht verborgen geblieben.

***

6.2 Theorie

Wie Sie Ihr Lernen gestalten, ist entscheidend für Ihren Erfolg

Lernen dürfen wir zeitlebens. *Wie* Sie Ihr Lernen gestalten, ist entscheidend für Ihren Erfolg. *Wie* lernen Sie am besten? Es gibt ganz verschiedene Arten des Lernens. In der Geschichte stand das Lernen anhand von Vorbildern im Zentrum. Es gibt jedoch noch zwei weitere wichtige Lernarten: das Lernen durch Korrektur und das Lernen durch Feedback. Zudem spielt es eine Rolle, mit welchen Sinnen Sie lernen. Letztlich gibt es, abhängig von der lernenden Person, verschiedene Lerntypen und Strategien, über die eine Person besonders einfach lernt (siehe weiter unten bei Lerntypen).

Wenn Sie einmal an etwas scheitern, stehen Sie wieder auf und lernen Sie daraus. Erinnern Sie sich noch, wie oft Sie hingefallen sind, bis Sie laufen konnten? Fragen Sie Ihre Eltern. Lernen hilft gegen das Scheitern, und Lernen haben Sie lange trainiert.

Lernen durch Vorbilder

Können Sie sich vorstellen, dass Ihre Umgebung auf Sie abfärbt? Kennen Sie Situationen, in denen eine Stimmung Ihrer Umgebung auf Sie überspringt? Das alles ist nichts Neues: Johann Wolfgang von Goethe schrieb im Jahr 1821 in seinem Werk *Wilhelm Meisters Wanderjahre:* „Sage mir, mit wem du umgehst, so sage ich dir, wer du bist; weiß ich, womit du dich beschäftigst, so weiß ich, was aus dir werden kann."

Von Vorbildern lernen Sie extrem effizient

Haben Sie schon einmal erlebt, dass Gähnen oder Lachen ansteckend ist? Dieses Phänomen nennt man in der Psychologie „Resonanz". Seit den 1990er Jahren kann man dieses Phänomen wissenschaftlich erklären. Zu dieser Zeit wurden an der Universität Parma die Spiegelnervenzellen entdeckt. Diese sorgen dafür, dass wir intuitiv verstehen, was andere Menschen tun. Zudem gibt es ein weiteres System, das uns fühlen lässt, was andere Menschen fühlen. Entdeckt wurde dies von dem kanadischen Neurochirurgen William Hutchison. Bei einer Wachoperation am Gehirn stellte er fest, dass eine Nervenzelle des Patienten nicht nur aktiv wurde, wenn er ihm in den Finger pikste, sondern auch, wenn er sich selbst unter Beobachtung durch den Patienten in den Finger pikste [1]. Oder ein anderes Beispiel: Haben Sie schon einmal jemandem beim Essen einer Zitrone zugesehen und hatten selber einen Speichelsturz? Dann kennen Sie das Phänomen.

Was hat das nun alles mit Lernen zu tun? Man kann sagen, von Vorbildern lernen Sie extrem effizient, quasi nebenbei. Aber Sie lernen, wenn Sie nicht aufpassen, auch Dinge, die Sie besser nicht lernen sollten. Auch dies ganz nebenbei! Es macht daher Sinn, sich eine Umgebung zu suchen, in der Dinge vorgelebt werden, die Sie lernen möchten. Haben Sie z. B. Hemmungen, mit unbekannten Personen, vielleicht mit Kunden des Instituts, zu telefonieren? Dann wäre es hilfreich, jemanden, der dies besonders gut kann, zu Ihrem Bürokollegen zu machen. Dann werden Sie sehr wahrscheinlich durch Beobachtung und Imitation telefonieren lernen. Es ist daher wichtig, dass Sie sich klarmachen, was Sie lernen möchten und wen Sie dazu in Ihrer Nähe brauchen. Dies hat sich unserer Erfahrung nach im Alltag immer wieder gezeigt.

Für Sie erwachsen daraus folgende Grundfragen:

- Mit welchen Vorbildern umgeben Sie sich?
- Welche Dinge könnten auf Sie abfärben?
- Welche Dinge sollen auf Sie abfärben?
- Was hat bereits auf Sie abgefärbt?

Stellen Sie sich vor, Ihr Professor ist Nobelpreisträger, zum vierten Mal geschieden. Würden Sie von ihm lernen wollen, wie man eine Liebesbeziehung pflegt? Wenn Sie von ihm lernen würden, Nobelpreisträger zu werden, müssen Sie dann zwingend ein Versager bezüglich der Erhaltung einer stabilen Ehe werden? Nein, müssen Sie nicht! Oftmals wird dieser falsche Schluss jedoch gezogen! Fokussieren Sie auf die aus Ihrer persönlichen Sicht positiven Seiten Ihrer Vorbilder, zumindest, wenn das Verhalten ethisch in Ordnung ist.

Lernen durch Vorbild

Lernen durch Selbst-Korrektur

Haben Sie schon einmal Golf gespielt? Was haben Sie getan, als der erste Schlag das Ziel verfehlte? Sicher haben Sie die Art, den Ball zu schlagen, geändert. Dies haben Sie so lange gemacht, bis Sie nach einigen Partien ein passabler Golfer waren, oder nicht?

Lernen durch Selbst-Korrektur

Lernen durch Feedback

Stellen Sie sich nun vor, Sie könnten den Ball nach dem Schlag nicht mehr sehen. Was würden Sie nun benötigen, um ein passabler Golfer zu werden? Sie brauchen Feedback! D. h. jemanden, der Ihnen sagt, ob Sie das Loch getroffen haben und, falls nicht, ob und wie weit Sie vorbeigeschlagen haben. Denn dann können Sie beginnen, Ihren Schlag zu verbessern.

Immer dann, wenn Sie die Wirkung Ihres Handelns nicht beobachten können, ist es eine riesige Chance, wenn Sie sich Feedback holen. Stellen Sie sich vor, Sie haben gekocht und fragen in die Tischrunde: „Und, wie ist das Essen?“ Würde Ihnen die Antwort „Das Essen ist super!“ helfen, um künftig noch besser zu kochen? Sicher nicht! Sie benötigen wertvolles bzw. hilfreiches Feedback. Bei Feedback geht es nicht um gegenseitiges Lob zur Optimierung von Harmonie und einem Wohlfühleffekt! Es geht um eine Rückmeldung zwecks Verbesserung Ihrer Ergebnisse! Interessanterweise fällt es oft schwer, diese Rückmeldungen auszuhalten. Feedback wird oft als unangenehme Kritik empfunden.

Lernen durch Feedback

Feedback ist eine Rückmeldung anderer Personen über ihre Wahrnehmung des Verhaltens der Person, die das Feedback erhält. Daher steckt immer auch Information über die Wahrnehmung des Feedbackgebers in seinem Feedback, und keine objektive Bewertung. Niemand, der ein Feedback einholt, muss dies annehmen. Er hat aber die Chance, seine Wirkung auf andere Personen zu erfassen.

Fragen Sie nach Feedback! Warten Sie nicht darauf

Oftmals werden Sie von Ihrer Umgebung keine Rückmeldung bekommen. Dies kann verschiedene Gründe haben: Der andere möchte Sie nicht verletzen, möchte das harmonische Verhältnis zu Ihnen nicht gefährden oder Sie sind ihm schlicht kein Feedback wert. Daher ist es in der Regel notwendig, dass Sie aktiv Rückmeldungen einholen. Es ist möglich, dass Sie sich in der Vergangenheit, eventuell ohne es zu merken, so verhalten haben, dass Sie kein Feedback mehr bekommen. Fragen Sie nach Feedback! Warten Sie nicht darauf, Feedback zu bekommen. Werden Sie zu jemandem, der die Meinung anderer Menschen hören will. Je unangenehmer das Feedback für Sie ist, desto mehr können Sie potenziell daraus lernen. Fragen Sie aber nur nach Feedback, wenn Sie es wirklich hören wollen. Sie können nämlich auch in einer Weise nach Feedback fragen, dass jeder Gefragte intuitiv weiß, dass Sie gar kein Feedback wollen, sondern nur Bestätigung. Bitten Sie also ausdrücklich um ehrliches Feedback! Zum Teil werden Sie Menschen ermutigen müssen, Ihnen ihre Sicht der Dinge zurückzumelden!

Nehmen Sie die Rückmeldung so gut es geht als wertfrei wahr

Wenn Sie Rückmeldungen bekommen, beobachten Sie, was das Feedback mit Ihnen macht. Welche Gefühle werden in Ihnen wach? Fühlen Sie sich ertappt, sind Sie peinlich berührt? Finden Sie die Rückmeldung ungerecht oder sogar unverschämt? Was auch immer passiert: Jetzt zeigt sich, ob Sie wirklich eine Rückmeldung haben wollten. Nehmen Sie die Rückmeldung so gut wie möglich als wertfrei wahr! Wenn Sie das Feedback inhaltlich nicht verstehen, fragen Sie nach. Aber reden Sie sich nicht raus! Relativieren Sie nicht. Versuchen Sie nur die Rückmeldung zu begreifen und Ihre eigene Reaktion wahrzunehmen. Menschen, also auch Sie, neigen dazu, zu generalisieren, Dinge zu tilgen, d. h. wegzulassen, und zu verzerren. Man könnte auch sagen: „Der Empfänger macht die Botschaft!" Wenn Sie als Feedbackempfänger Feedback bekommen, werden Sie vermutlich beginnen zu generalisieren, zu tilgen und zu verzerren. Versuchen Sie sich bezüglich dieser drei Dinge auf die Spur zu kommen. Fragen Sie inhaltlich nach, bis Sie ein klares Bild haben. Ansonsten gilt strikt: „Schnauze halten und hinhören!"

Letztlich liegt es an Ihnen, ob Sie das Feedback annehmen oder nicht. Dies ist Ihre bewusste Entscheidung. Unsere Erfahrung lässt sich so zusammenfassen: Je schmerzhafter ein Feedback ist, umso wertvoller kann es für Sie sein. Oder anders: Wo Ihr Schmerz ist, ist Ihr Wachstumspotenzial. Dies klingt alles viel einfacher, als es ist. Probieren Sie es aus! Sie werden feststellen, wie viel Selbstwertgefühl (siehe auch Kapitel 2) es braucht, um Feedback ertragen zu können. Und wie sehr Feedback Sie voranbringt. Werden Sie Feedbackleistungssportler!

Eine schöne Darstellung zum Thema Feedback nennt sich „Johari-Fenster" und stammt von Joseph Luft [2] und Harry Ingham (aus deren Vornamen auch die Bezeichnung entstand). In der Abbildung unten ist das Johari-Fenster dargestellt. Es ist eine 2x2-Matrix Ihres Selbst, aus Ihrer Perspektive und aus der Perspektive anderer. Nun gibt es aus beiden Perspektiven einen bekannten und einen unbekannten Teil Ihrer Person. Daraus ergeben sich vier verschiedene Quadranten: das öffentliche Selbst, das private Selbst, das unbekannte Selbst und das unbewusste Selbst.

Wollen Sie mit einem blinden Fleck in Ihrem Selbstbild durch Ihr Leben laufen, den Sie sichtbar machen könnten? Nein? Dann bringen Sie mit Feedback Licht ins Dunkel.

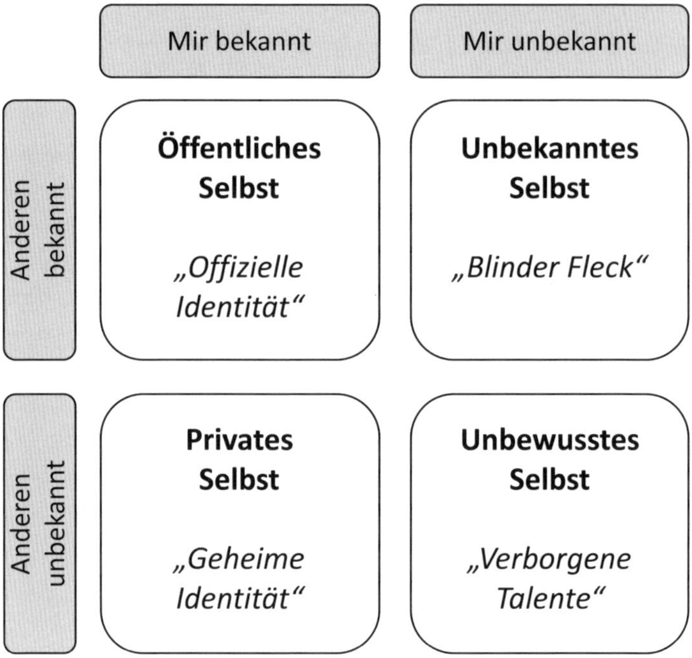

Johari-Fenster

Lerntypen

An dieser Stelle möchten wir keine Lerntechniken beschreiben, wie es viele Bücher zum Thema Lernen tun. Uns geht es an dieser Stelle um einen spezifischen Aspekt, nämlich um Lerntypen im Sinne bevorzugter Sinnesorgane. Folgende Lerntypen können nach HEISTER unterschieden werden [3]:

- Der visuelle Typ, der bevorzugt über das Sehen lernt
- Der auditive Typ, der bevorzugt über das Hören lernt
- Der haptische Typ, der bevorzugt über das Fühlen lernt
- Der taktile/motorische Typ, der bevorzugt über das Erkennen lernt
- Der verbale/kommunikative Typ, der bevorzugt über den Diskurs mit anderen lernt
- Der abstrakte Typ, der bevorzugt durch abstrakte Darstellungen wie z. B. Formeln lernt

Diese Lerntypen wirken sehr absolut, fast so, als wenn nur ein bestimmtes Sinnesorgan wirkungsvoll wäre. Tatsächlich ist hierbei das Wort „bevorzugt" wichtig! Auch die Nutzung der anderen Sinneskanäle ist hilfreich. Die stärksten Sinneskanäle sind erfahrungsgemäß diejenigen, die viel trainiert wurden. Welche Sinnesorgane sind bei Ihnen stark und wann haben Sie diese trainiert? Dies passiert oft nebenher, in der Freizeit, bei Musik, Kunst, Sport etc. Welche Sinnesorgane zu trainieren wäre aktuell für Sie nützlich?

Auditves Lernen

Visuelles Lernen

Beim Lernen hilft Interesse, und das entsteht bei der Beschäftigung mit einem Thema

Beim Lernen hilft Interesse, hier ein Beispiel zum Thema:

In hohem Alter kann man kaum mehr eine Sprache lernen, oder? Ein älterer Herr wollte nach der Pensionierung beginnen, Französisch zu lernen. Er tat sich schwer damit. Lange hatte er nicht mehr am Tisch gesessen und Vokabeln gebüffelt. Nach zwei Jahren hatte er einige Fortschritte gemacht, war aber mit seinen Lernerfolgen unzufrieden. Um die Sprache zu praktizieren, fuhr er nach Frankreich in den Urlaub. Dort lernte er eine Französin kennen, in die er sich verliebte. Nach nur sechs Monaten sprach er sehr gut Französisch.

Interesse entsteht bei der Beschäftigung mit einem Thema. Mit steigender Kompetenz in einem Thema werden Sie sich immer leichter tun, einen Sinn in der Tätigkeit zu finden, und dadurch motiviert für das Lernen sein.

Vorbilder nutzen

Analysieren Sie Ihre Lernbedürfnisse! Suchen Sie sich Vorbilder, die eine Seite haben, von der Sie sich etwas Hilfreiches abschauen können. Sorgen Sie, soweit möglich, dafür, dass Ihre Vorbilder in Ihrer räumlichen Nähe sind. Eine schöne Darstellung zum Thema Vorbilder ist der sogenannte

„Vorbildkuchen", den Sie in der folgenden Abbildung sehen. Backen Sie sich ein perfektes Gesamtvorbild nach Ihren Wünschen, indem Sie die vorbildhaften Seiten verschiedener Personen kombinieren.

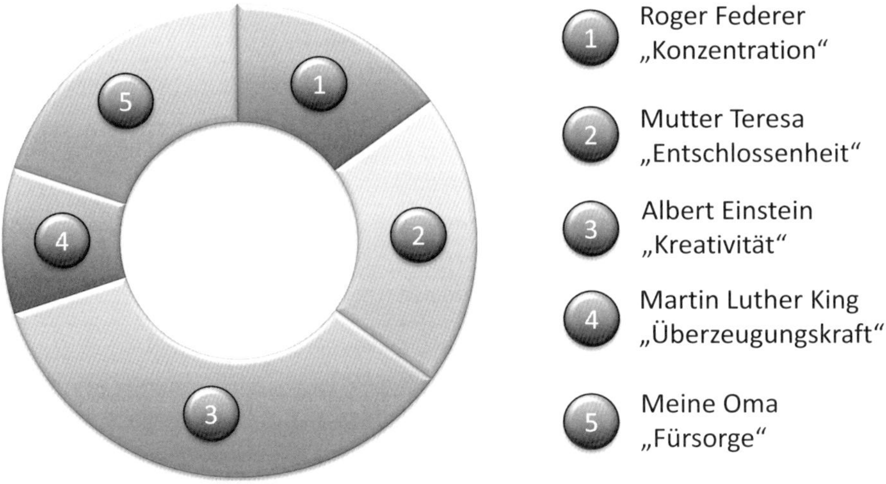

Vorbildkuchen nach BIRKENBIHL

Ihre Vorbilder müssen nicht immer Weltstars sein. Suchen Sie die Stars in Ihrer Nähe, die Sie als Vorbilder wahrnehmen und beobachten können. Haben Sie den Mut, sich in die Nähe Ihrer Vorbilder zu begeben. Zu Beginn Ihres Lernprozesses werden Sie eventuell noch nicht mit ihnen mithalten können, lassen Sie sich davon nicht entmutigen.

6.3 Anwendung

Von welchen Biografien haben Sie schon einmal etwas gelernt? Welche weiteren Biografien möchten Sie lesen und was wollen Sie daraus lernen?

Wenn Sie etwas Neues lernen wollen, dann hilft immer Interesse für das zu lernende Thema. Wie können Sie Interesse bekommen für ein neues Thema?

Holen Sie sich Feedback aus Ihrer Umgebung dazu, von welchem Vorbild Sie profitieren könnten. Fragen Sie Freunde und Kollegen, an welchem Vorbild Sie sich orientieren könnten und warum, um stärker zu werden. Notieren Sie diese Feedbacks:

Beobachten Sie Ihr Lernverhalten und Ihr starken Sinneskanäle. Wie könnten Sie Ihr Lernen gestalten?

Welchen Personen gegenüber sind Sie eher abgeneigt? Überlegen Sie, was Sie dennoch von diesen Personen lernen können!

In Ihrer Umgebung gibt es auch Menschen, von denen Sie bezüglich einer erfolgreichen Promotion lernen können. Schauen Sie hin! Schärfen Sie Ihre Wahrnehmung für Vorbilder! Was nehmen Sie alles wahr?

6.4 Herausforderungen

- Jeder Mensch hat starke, aber auch limitierende Seiten. Nehmen Sie sich, wie Sie sind. Machen Sie sich klar, dass Stärken und Schwächen kontextabhängig sind. Ein Formel-1-Rennwagen hat auch Schwächen: im Gelände!
- Sie müssen mit der Überlegenheit desjenigen, von dem Sie lernen, klarkommen. Dazu braucht es eine ordentliche Portion Selbstwertgefühl.
- Nehmen Sie sich Zeit zum Lernen.
- Achten Sie darauf, von Menschen, die Sie mögen, nicht auch Dinge zu lernen, die für Sie nicht hilfreich sind.

6.5 Das Wichtigste in Kürze

Suchen Sie sich hilfreiche Vorbilder.

Suchen Sie sich einen Mentor.

Holen Sie sich Feedback und lernen Sie aus hilfreichem Feedback.

Es gibt verschiedene Arten zu lernen.

Aus dem Scheitern lernen. Lernen hinzufallen und wieder aufzustehen.

6.6 Reflexionsfragen

- ☐ Wie gehen Sie mit negativem Feedback um?
- ☐ Von welchen Vorbildern haben Sie in Ihrer Vergangenheit am meisten gelernt?
- ☐ Mit wem umgeben Sie sich, was möchten Sie von diesen Personen auf keinen Fall lernen, was möchten Sie lernen?
- ☐ Welche Eigenschaft möchten Sie weiterentwickeln?
- ☐ Von wem holen Sie sich als Nächstes Feedback?
- ☐ Welcher Lernerfolg würde Sie weiterbringen?
- ☐ Was macht Sie bezüglich der Promotion wirksamer?
- ☐ Von welchen Menschen lassen Sie sich von Ihrem *Wofür* ablenken?
- ☐ Welche Dinge machen Sie immer wieder falsch?
- ☐ Für wen könnten Sie ein Vorbild sein?

6.7 Literatur

[1] Joachim Bauer: *Warum ich fühle, was Du fühlst, Intuitive Kommunikation und das Geheimnis der Spiegelneurone*, Wilhelm Heine Verlag, 2016

[2] Joseph Luft: *Einführung in die Gruppendynamik*, Klett, 1970

[3] Werner Heister: *Studieren mit Erfolg: Effizientes Lernen und Selbstmanagement*, Schäffer-Poeschel Verlag, 2009

Literaturtipp

Jörg Fengler: *Feedback geben, Strategie und Übungen*, Beltz, 2004

7. Kapitel:
Konzentration – Disziplin schlägt Talent

„Wer sich leicht ablenken lässt,
muss viele Umwege in Kauf nehmen.“
Ernst Ferstl

* * *

7.1 Ein gutes Ross springt nicht höher als es muss

„Das kann doch nicht sein! Wo steckt der denn bloß?“, murmelte Laura vor sich hin, während sie im Schnellschritt durch die Gänge des Instituts eilte. Die Absätze ihrer Schuhe erzeugten ein rhythmisches Klopfen auf dem frisch gewienerten Linoleumboden. Zum x-ten Mal griff sie nach ihrem Handy und drückte Andreas' Nummer. Und zum x-ten Male sagte die weibliche Stimme am anderen Ende: „Guten Tag! Hier ist die Mailbox von 015...“ Laura suchte ihren Kollegen Andreas schon seit dem frühen Morgen. Niemand wusste, wo er war. Krankgemeldet hatte er sich nicht, ins Home-Office abgemeldet auch nicht, und wenn man seine Nummer wählte, meldete sich die überaus freundliche Mailbox-Stimme. Bereits vor einer Stunde hatte Laura beschlossen, Andreas zu suchen. Fast das ganze Institutsgebäude hatte sie schon durchforstet: Labore, Technika, Büros, Lager- und Besprechungsräume. Keine Spur von Andreas. Langsam aber sicher wurde Laura nervös, denn in zwei Tagen, spätestens um Mitternacht, musste ein Förderantrag für ein neues Forschungsprojekt bei der EU eingereicht werden. Sie hatte dieses Projekt mit Andreas zusammen entwickelt und zeichnete dafür mitverantwortlich. Es gab noch eine ganze Menge zu tun. Sie brauchte dringend spezielle Informationen, um weitermachen und den Antrag pünktlich hochladen zu können. Diese Infos hatte aber leider nur Andreas. Nicht auszudenken, wenn sie die Einreichfrist versäumten. Die ganze Arbeit von über sechs Monaten wäre umsonst gewesen. Dieses Schreckensszenario bereitete Laura Magenschmerzen und Alpträume. Alles in ihr drehte sich um, wenn sie darüber nachdachte. Auf der Treppe nach unten zu einem Technikum dachte sie sich: „Wenn ich den erwische, mache ich ihn so was von rund, dass er nicht mehr weiß, wie er heißt.“

„Hallo Frau Schilberg!“, grüßte ein junger Student fröhlich, der Laura aufwärts entgegenkam. Laura hörte das nicht. Sie war zu sehr in Gedanken. Zu sehr war sie beherrscht von dieser Mischung aus Wut, Nervosität, Stress und dem Gefühl, auf glühenden Kohlen zu sitzen. Der junge Mann auf der Treppe ging instinktiv einen Schritt zur Seite; Laura erinnerte ihn

an einen wilden Stier, der wutschnaubend in die Arena rast. Unten angekommen, marschierte sie so schnell um die Ecke, dass sie auf dem glatten Boden beinahe ausgerutscht wäre. Noch etwa zehn Meter bis zur Tür des Technikums. Der letzte Raum in diesem Gebäude, den Laura noch nicht durchsucht hatte. Ihre letzte Hoffnung. Sollte sie Andreas hier auch nicht finden, hätte sie ein ernsthaftes Problem. Sollte sie ihn hier finden, musste jemand ernsthaft um seine Gesundheit besorgt sein.

Laura öffnete die schwere Tür des Technikums und schaute vorsichtig hinein. Die Gefühle Hoffnung und Resignation kämpften in ihrem Inneren um die Vorherrschaft. Keiner da! Mist! Von hier vorne aus konnte Laura allerdings nicht den ganzen Raum einsehen, und so ging sie ein paar Schritte in die etwa sechs Meter hohe Halle hinein und schaute sich um. Nichts. Nun bekam die Resignation Oberwasser. Ein bisschen Angst war auch dabei, denn Laura sah langsam ihre Felle davonschwimmen. Sie wollte gerade wieder gehen, als sie ein leises Klopfen aus dem hinteren Teil der Halle vernahm. Laura folgte dem Geräusch und erblickte hinter der Ecke ein männliches Wesen in einem Blaumann, das auf einer Leiter stand und sich an einer Rohrleitung zu schaffen machte.

„Entschuldigung!", sagte Laura und wollte wieder gehen. Von dem vermeintlichen Monteur konnte man nur den Rücken bis zum Halsansatz sehen. Kopf und Schultern steckten zwischen den Rohren an der Decke.

„Moment mal!", hörte sie da eine männliche Stimme, die allerdings ziemlich verzerrt klang. Als ob diese Person etwas zwischen den Zähnen hatte. Einen Schraubenzieher zum Beispiel. Dann kam der Monteur langsam die Leiter herunter. Mit jedem Schritt, den er tat, stieg bei Laura der Adrenalingehalt, ihre Wut staute sich und ihre Gesichtsfarbe wechselte von Rot zu Lila. Eine mittlere Kernschmelze stand bevor, denn bei dem Monteur handelte es sich um keinen Geringeren als um Andreas.

„Kannst du mir mal verraten, was du hier machst?", fauchte Laura auch gleich los.

„Na ja, ich repariere die Abluftanlage", antwortete Andreas und schaute Laura verwundert an.

„Du baust hier unten in aller Ruhe an einem Rohr rum, während ich dich seit Stunden verzweifelt suche?!" Hätte bei Laura in diesem Moment jemand Fieber gemessen, hätte er sein Thermometer gesprengt. Laura kochte! „Sag mal, hast du sie eigentlich noch alle?"

„Was ist denn eigentlich los mit dir?", fragte Andreas, der noch immer nicht zu verstehen schien, warum sich seine Kollegin so aufführte. Er stieg von der Leiter und steckte den Schraubenzieher in die Brusttasche seines

blauen Kittels. „Wir haben seit Monaten ein Problem mit der Abluftanlage. Deswegen messe ich die Strömungsgeschwindigkeiten in den Leitungen. Ich will herausfinden, wo das Problem liegt."

„Und unser Antrag?" Laura stemmte die Ellbogen in die Hüfte und ihre Stimme wurde lauter. „Das ist dein primärer Job! Hast du die fehlenden Unterstützungsschreiben von den Partnerfirmen besorgt?"

„Nein, habe ich noch nicht!"

„Und das sagst du mir auch noch einfach so ins Gesicht?"

„Jetzt dreh mal wieder ab!", konterte Andreas und ihm war anzumerken, dass er nun auch ein bisschen sauer wurde. „Du hast doch gestern auch gehört, wie wichtig unserem Chef die Betriebssicherheit ist! Das, was ich hier mache, ist für die Sicherheit. Nur wenn die Lüftung richtig funktioniert, können wir die Halle betreiben. Bei einer Überschreitung der Grenzwerte in der Raumluft ist die Gesundheit der Mitarbeiter bedroht. Außerdem muss die Anlage jederzeit betriebsbereit sein. Dies ist schon seit drei Monaten nicht mehr der Fall."

„Und das musst du gerade heute machen? Wo du doch genau weißt, dass wir übermorgen den Antrag hochladen müssen." Laura wurde wieder ein wenig ruhiger und sachlicher. „Kann das hier nicht jemand anderes machen? Ein studentischer Mitarbeiter zum Beispiel?"

„Nein!", wehrte Andreas entschieden ab und schaute Laura dabei an. „Sicherheit geht vor! Und das hier ist Chefsache. Wenn ein Auftrag reinkommt, dann muss diese Anlage hier funktionstüchtig sein. Also mache ich das gleich. Um unseren Antrag kümmere ich mich heute Abend. Und jetzt sei mal ein bisschen locker. Gut Ding will Weile haben. Kennst du dieses Sprichwort?"

Laura schüttelte nur den Kopf und sagte: „Bis wann kann ich mit deinen Sachen rechnen?"

„Bis heute Abend 24:00 Uhr. Spätestens!", antwortete Andreas selbstbewusst. „Ich mach das sofort, wenn ich gegen zehn vom Sport nach Hause komme."

„Gut, dann erwarte ich, dass die Daten morgen früh um acht auf meinem Rechner sind, wenn ich ihn einschalte."

Laura verließ kopfschüttelnd die Halle. Sie fühlte sich vage an ihr eigenes Verhalten im Studium erinnert. Fensterputzen war so ziemlich das Letzte, wofür Laura sich begeistern konnte. Aber auf Lernen und stupides Büffeln hatte sie auch nie richtig gesteigerte Lust gehabt. Wenn ihr innerer Schweinhund in den Klausurphasen mal wieder stärker war als ihr Pflichtbewusstsein, dann putzte sie die Fenster. Sie hatte den Verdacht, dass es bei Andreas genauso sein könnte. Dass er keine Lust auf die Arbeit für den Antrag hatte und eine Ausrede suchte. Na ja, immerhin hatte sie eine Zusage von ihrem Kollegen. Das war doch schon mal was. Zwar noch nicht seelenruhig, aber immerhin ein bisschen abgekühlt ging Laura wieder nach oben.

Das Erste, was Laura am nächsten Morgen tat, war, auf den Einschaltknopf ihres Computers zu drücken. Nicht einmal Jacke und Schal hatte sie ausgezogen, wie sie das sonst tat. Laura war gespannt. Auf dem Weg hierher hatte sie innerlich Wetten mit sich selbst abgeschlossen. Ob Andreas Wort hielt oder nicht. Die Spannung stieg, als Laura ihr E-Mail-Programm startete und die Nachrichten abrief.

„Ich hab' s doch gleich gewusst!", schimpfte Laura und hieb wütend mit der rechten Hand auf den Tisch. Keine E-Mail von Andreas! Eine Mischung aus Wut, Angst und Enttäuschung macht sich in ihr breit. Laura ballte ihre Faust, bis es weh tat. Was sollte sie jetzt bloß machen? Laura legte ihre Jacke ab und hängte sie über den leeren Stuhl, der neben ihrem Schreibtisch stand. „Den werde ich mir jetzt vorknöpfen", dachte sich Laura und wollte gerade ihr Telefon aus der Tasche holen, als es im Computer „Bing" machte. Der Ton für eine eingegangene E-Mail. Laura schaute auf den Bildschirm und den Absender. Es war eine Mail von Andreas. Mit Anhang. Sie öffnete diese und las den Text: „Hallo Laura, anbei die Formulare und die Unterstützungsschreiben. Ich bin eben erst fertig geworden und habe die ganze Nacht nicht geschlafen." „Geschieht dir recht – puuh, Gott sei Dank", dachte Laura, setzte sich auf ihren Platz und schnaufte erst einmal tief durch. Die Unterlagen waren nun alle beieinander und Laura konnte ihren Antrag im Laufe des Tages fertigstellen. Abends setzte sie sich noch mit ihren Kollegen, insbesondere natürlich Andreas zusammen und sprach die letzten Details durch. Gegen 23:45 Uhr war alles in trockenen Tüchern und exakt um 23:59 Uhr wurde der Antrag hochgeladen.

„Ein gutes Ross springt nicht höher als es muss", sagte Andreas, als um 00:05 die Eingangsbestätigung von der EU einging. Laura schüttelte den Kopf. „Du bist kein Ross, sondern ein Ochse!" Andreas grinste schelmisch über sein ganzes breites Gesicht. Dann meinte er zu seiner Kollegin: „Zum Glück weiß ich, wo wir jetzt noch eine offene Kneipe finden. Ich bin da öfters um diese Zeit."

***

7.2 Theorie

Konzentration, auch Sitzfleisch, Disziplin oder „Dranbleiben“ genannt, ist bei fast jeder Promotion immer wieder eine Herausforderung. Sorgen Sie für Ihre Konzentration. Dazu dient dieses Kapitel, denn: Ihre Fähigkeit sich zu konzentrieren bestimmt die Qualität Ihrer Arbeit.

Konzentration ist die willentliche Ballung von Aufmerksamkeit

Was ist eigentlich Konzentration? Konzentration ist die willentliche Ballung von Aufmerksamkeit auf eine bestimmte Aktivität. Als Erläuterung die folgende Szene:

Ein Businessreisender ist bei einer Flugreise zwei Stunden zu früh am Gate. Daher setzt er sich mit dem Notebook in die Wartezone und schreibt an einem Text. Irgendwann spricht ihn dann eine Dame der Fluggesellschaft an, ob er Herr Peters sei, der Flieger warte nur noch auf ihn. Herr Peters rennt zum Flieger und erntet dort genervte Blicke der Mitreisenden.

Das war ein Ergebnis purer Konzentration!

Kennen Sie solche Situationen? Dann können Sie sich offenbar gut konzentrieren.

Haben Sie schon einmal mit kleinen Kindern Memory gespielt? Erwachsene verlieren meist, weil sie sich einfach nicht so sehr konzentrieren. Kennen Sie auch Situationen, in denen es Ihnen schwerfällt, Ihre Aufmerksamkeit auf eine bestimmte Tätigkeit zu richten? Immer dann lassen Sie Umgebungsreize und abschweifende Gedanken zu.

Die drei Richtungen der Konzentration

Entscheiden Sie sich, sich zu konzentrieren. Konzentration kommt nicht von allein

Das Memory-Beispiel zeigt Konzentration im uns geläufigsten Sinn. Konzentration als willentliche Ballung unserer Aufmerksamkeit auf eine bestimmte Aktivität. Dabei lassen sich insgesamt drei Formen von Konzentration bzw. Aufmerksamkeit unterscheiden, je nachdem, in welche Richtung wir diese lenken: Aufmerksamkeit auf einen Punkt, nach außen oder auf andere und nach innen.

Beim Lesen anspruchsvoller Inhalte beispielsweise liegt unsere volle Aufmerksamkeit zielgerichtet auf dieser einen Tätigkeit (auf einem Punkt). Wenn wir ein Meeting moderieren oder eine fremde Stadt erkunden, ist unsere Aufmerksamkeit als breite Wahrnehmung auf die Umwelt beziehungsweise unsere Zuhörer gerichtet (nach außen), damit wir uns orientieren können. Wenn wir beim Sport in unseren Körper hineinfühlen, dann richten wir unsere Aufmerksamkeit nach innen. Wir brauchen alle drei Formen von Aufmerksamkeit/Konzentration. Dies ist in der folgenden Abbildung dargestellt:

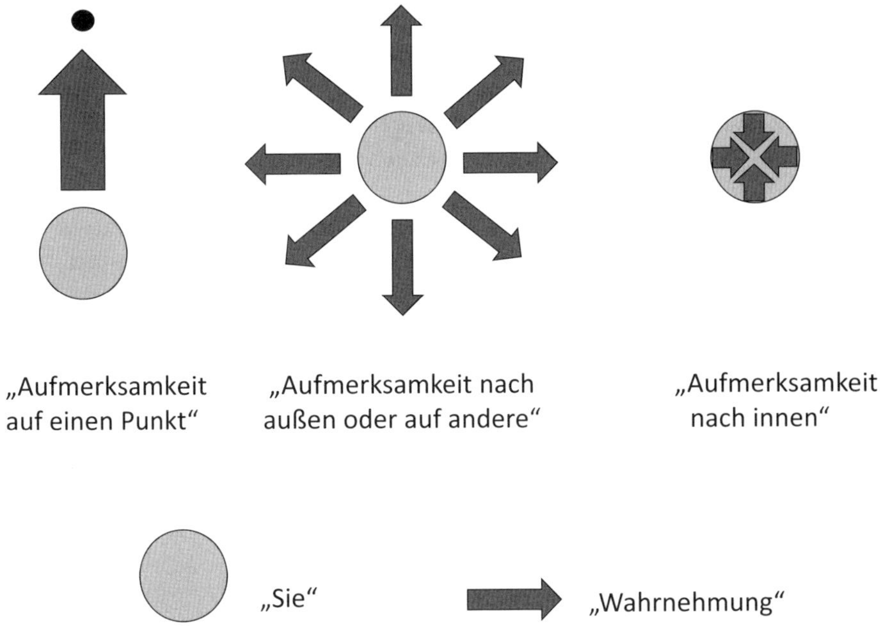

Aufmerksamkeit

Aufmerksamkeit lässt über die Zeit nach, weil Sie ermüden. Beobachtet man z. B. Profisportler oder Musiker, so trainieren oder üben sie nicht mehr als vier Stunden am Tag wirklich intensiv. Dabei werden Erholungsphasen im Trainingsplan mit eingeplant, und auch Ausgleichsaktivitäten sind Teil eines Profitrainings [1].

Nun ist natürlich die Frage, wie man Konzentration erzeugen kann, wenn man sie benötigt. Dazu haben wir einige Ideen zusammengestellt:

- Erledigen Sie konzentrationsbedürftige Aufgaben in Ihren starken Tagesphasen. Nachtarbeit wie in unserer Geschichte macht es nicht einfacher.
- Machen Sie Pausen! Alle 45 Minuten eine kurze Pause von 5 Minuten oder sogar hin und wieder ein paar Minuten Schlaf fördern Ihre Konzentrationsfähigkeit. Machen Sie auch dann Pausen, wenn Sie denken, Sie wären noch fit.
- Entscheiden Sie sich, sich zu konzentrieren. Konzentration kommt nicht von allein.
- Konzentrieren Sie sich auf eine Sache und machen Sie nicht mehrere Dinge gleichzeitig. Die Multitasking-Fähigkeit des Menschen ist ein Mythos. Sie können höchstens zwischen verschiedenen Dingen schnell wechseln. Sie können nicht mit voller Aufmerksamkeit telefonieren und parallel E-Mails beantworten. Sie können auch nicht zur gleichen Zeit zwei Bücher lesen. Man kann aber so tun, als ob das gehen würde.
- Stellen Sie Dinge bewusst zurück, um frei für das zu sein, was jetzt Ihre volle Aufmerksamkeit benötigt.
- Ernähren Sie sich gesund. „Ein voller Bauch studiert nicht gern", weil die Konzentrationsfähigkeit schlechter wird.
- Es gibt Menschen, die sich besonders leichttun, an Details zu arbeiten. Andere tun sich leichter mit dem großen Ganzen. Manche Promovierende sind gut beraten, mit dem Inhaltsverzeichnis der Arbeit, d. h. im Überblicksmodus zu beginnen, andere wiederum beginnen besser mit dem Ergebnisteil im Detailmodus. Beginnen Sie so, wie es Ihnen besser liegt.

Eigenwahrnehmung

Wie nehmen Sie sich selber wahr? Dies ist ein Teil von Konzentration nach innen.

„Ich bin kein überzeugender Redner", „Ich schaffe es einfach nicht, meine Wochen besser zu planen", „In Konflikten fehlen mir immer die richtigen Worte" – kennen Sie diese oder ähnliche innere Monologe? Wir sagen uns täglich, was wir sind, was wir können oder nicht können, und viel zu oft sprechen wir dabei absolut: „Immer." „Nie." „So bin ich." „So nicht." Das ist fatal. Für Ihre Promotion und Ihre Entwicklung als Mensch.

Es mag sein, dass Sie Schwierigkeiten haben, überzeugende Präsentationen zu halten. Aber vielleicht können Sie Ihre Partnerin oder Ihren Partner regelmäßig mit Leichtigkeit von Ihrem Standpunkt überzeugen. Es mag sein, dass Sie mit Ihrem Terminkalender auf Kriegsfuß stehen. Aber vielleicht ist das auch erst der Fall, seitdem Sie den langzeiterkrankten Kollegen vertreten müssen und die Zahl Ihrer Meetings exorbitant angestiegen ist. Und während Sie bei Konflikten im Job leicht aus dem Konzept zu bringen sind, fällt es Ihnen im Freundeskreis überhaupt nicht schwer, die richtigen Worte zu finden.

Wenn Sie in absoluten Begriffen über sich sprechen, tun Sie sich unrecht. Denn in aller Regel ist Ihr Denken und Ihr Verhalten kontextgebunden. Unsere Persönlichkeit ist nicht so eindimensional, wie wir uns das manchmal selbst glauben machen wollen.

In der Psychologie hat sich dafür das Konzept von inneren Anteilen (vgl. Gunter Schmidt [2]), des inneren Teams (vgl. Friedemann Schulz von Thun [3]) oder der inneren Familie (vgl. Richard C. Schwartz [4]) etabliert. Diese Idee nennen wir im Folgenden das „Seitenmodell".

Was ist damit gemeint? Menschen sind komplexe Wesen und nicht eindimensional. Je nach Kontext empfinden, denken und handeln wir anders. Überspitzt könnte man sagen: Wir bestehen aus vielen Ichs. Die Betrachtungsweise mag erst einmal befremdlich wirken. Sie ermöglicht es uns aber, uns nicht vollständig mit unseren Problemen zu identifizieren.

Wenn Sie sich absolut als schlechten Redner, unstrukturierten Arbeiter etc. bezeichnen, dann manövrieren Sie sich in die Opferhaltung. Sie haben keine Chance, sich zu ändern, denn Sie sind ja so. Für Ihre eigene Entwicklung und den Fortschritt Ihrer Promotion ist das wenig hilfreich.

Wie können Sie nun das Seitenmodell für sich nutzen? Wenn Sie sich das nächste Mal dabei ertappen, wie Sie sich radikal be- oder verurteilen, dann suchen Sie nach Lebensbereichen, in denen Ihnen Ihr gewünschtes Verhalten doch gelingt, in denen Sie bereits andere Denkstrukturen anwenden und in denen Sie die Reaktionen aus Ihrem Umfeld bereits anders bewerten.

Fragen Sie sich, in welchen Kontexten Sie so denken, fühlen oder handeln, wie Sie es sich wünschen würden, wenn Sie einmal wieder „Ich Depp" über sich denken.

Wie Sie sich wahrnehmen, hat also damit zu tun, auf was an sich Sie sich konzentrieren.

7.3 Anwendung

Je stärker Sie Ihrem *Wofür, Wie* und *Was* folgen, umso leichter können Sie sich konzentrieren. Machen Sie sich klar, *wofür* Sie sich konzentrieren und was die positive Seite daran ist. Notieren Sie:

Woran würden Sie merken, dass Sie sich mit einer Aufgabe überfordern oder unterfordern?

Schaffen Sie geeignete Randbedingungen, sorgen Sie für Ruhe und reduzieren Sie Umgebungsreize. Dies kann im Home-Office gut gelingen, aber auch komplett scheitern. Welche Störungen müssen Sie unterbinden? Wie können Sie das tun?

Wenn es darum geht, sich auf einen längeren Prozess über mehrere Tage zu konzentrieren, ist es hilfreich, die Ziele schriftlich festzuhalten. Führen Sie zusätzlich auf, welche Tätigkeiten Sie bis wann erledigt haben wollen.

Machen Sie sich bewusst, welchen Preis Sie bezahlen, wenn Sie sich nicht konzentrieren. Notieren Sie:

Holen Sie sich Feedback dazu, wo Ihre Ablenkungsquellen sind. Notieren Sie:

Entwickeln Sie Rituale zum Start in eine Konzentrationsphase. Was könnten diese sein? Notieren Sie Ihre Ideen.

7.4 Herausforderungen

- Ängste können die Konzentrationsfähigkeit massiv hemmen. Stellen Sie sich vor, Sie wollen sich auf das Schreiben einer Publikation konzentrieren, haben aber Angst vor einem eventuell negativen Feedback Ihres Professors zu Ihrer Publikation. Dann liegt der Schlüssel zur Konzentration im Umgang mit der Angst.

- Priorisieren ist zwingend notwendig, um sich auf eine Sache länger zu konzentrieren, da sonst andere Aufgaben immer wieder Aufmerksamkeit erregen können. Priorisierungsschwäche führt leicht zu Konzentrationsschwäche.

- ☐ Zum Entscheiden brauchen Sie das notwendige Selbstvertrauen, damit Ihre Priorisierung richtig und zielwirksam ist.

- ☐ Kreativität ist eine hilfreiche Fähigkeit für Wissenschaftler, denn Forschen bedeutet, neue Wege zu beschreiten. Wenn Sie aber, während Sie auf ein Ziel zugehen, permanent Ideen für neue Ziele haben und diesen nachstreben ... hilft das dann?

- ☐ Nein zu sagen zu sich und anderen, um sich zu konzentrieren und nicht ablenken zu lassen, kann sehr schwierig, aber hilfreich sein.

7.5 Das Wichtigste in Kürze

Ihre Fähigkeit, sich zu konzentrieren, bestimmt die Qualität Ihrer Dissertation.

Konzentrationsfähigkeit ist trainierbar.

Sich ablenken zu lassen bedeutet, sich auf zurzeit nicht hilfreiche Dinge zu konzentrieren.

Nicht was Sie tun, sondern *wie* Sie es tun entscheidet über Ihre Konzentrationsfähigkeit.

Fangen Sie mit den unangenehmen Tätigkeiten an!

7.6 Reflexionsfragen

- ☐ Welche Aktivitäten passen zu Ihren Zielen?

- ☐ Welche Aktivitäten passen zu Ihrem *Wofür*?

- ☐ Wie oft werden Sie abgelenkt?

- ☐ Was lenkt Sie ab?

- ☐ Wo sind Sie drangeblieben? Wie können Sie das übertagen?

- ☐ Wobei haben Sie die höchste Konzentrationsfähigkeit?
- ☐ Welche Ernährung tut Ihrer Konzentration gut?
- ☐ Können Sie zu sich selbst und anderen gut Nein sagen?
- ☐ Bei was können Sie nur schlecht Nein sagen?
- ☐ Was würden Sie gerne bleiben lassen? Wieso tun Sie es nicht?
- ☐ Wann haben Sie Flow-Momente?
- ☐ Sind Sie sehr kreativ? Kann es sein, dass immer neue Gedanken Sie davon ablenken, einen anderen Gedanken zu Ende zu bringen?
- ☐ Haben Sie während Ihres Studiums in der WG auch schon geputzt, nur um nicht lernen zu müssen? Kennen Sie Ihre Übersprungshandlungen?

7.7 Literatur

[1] Michael I. Posner, Marcus E. Raichle: *Images of Mind*, San Francisco, W. H. Freeman & Co, 1994

[2] Gunther Schmidt, Anna Dollinger, Björn Müller-Kalthoff: *Gut beraten in der Krise, Konzepte und Werkzeuge für ganz alltägliche Ausnahmesituationen*, manager-Seminare, 2011

[3] Friedemann Schulz von Thun und Wibke Stegemann: *Das innere Team in Aktion. Praktische Arbeit mit dem Modell*, rowohlt, 2004

[4] Richard C. Schwartz: IFS *Das System der Inneren Familie: Ein Weg zu mehr Selbstführung*, BoD, 2011

Literaturtipp

Verena Steiner: *Konzentration leicht gemacht: Die wirksamsten Methoden für Studium, Beruf und Alltag*, Piper Verlag, 2013

8. Kapitel:
Unsicherheit – Forschung ist, wenn man es noch nicht weiß

„Sicher ist, dass nichts sicher ist. Selbst das nicht.“
Joachim Ringelnatz

* * *

8.1 Promovieren ist das Bohren dicker Bretter

„Entschuldigung!“, meinte Professor Cornelius, der gerade so ausgiebig gegähnt hatte, dass sicherlich ein ganzer Laib Brot in seinen Mund hineingepasst hätte.

„Keine Ursache!“, antwortete Kerstin Müller, die ihm gegenübersaß.

„Wissen Sie, die Zeitverschiebung...“, fuhr Cornelius fort und gähnte erneut. Diesmal hatte er sich allerdings etwas mehr unter Kontrolle und riss den Mund nicht ganz so weit auf. Er rieb sich zum wiederholten Mal die Augen, die schon ganz rot waren. Verständlich, dass der Institutsleiter mit der Müdigkeit zu kämpfen hatte. Draußen war es bereits dunkel und Cornelius war erst am Mittag von einer USA-Reise zurückgekommen. Er kämpfte noch gewaltig mit dem Jetlag und sah aus, als ob er im Stehen einschlafen könnte.

„Ich kann das gut nachvollziehen!“, beruhigte ihn Kerstin. „Als ich letztes Jahr aus meinem USA-Urlaub zurückkam, hatte ich auch mit dem Jetlag zu tun.“

„Wo waren wir stehen geblieben?“, fragte Cornelius und putzte derweil seine Brille.

„Bei meiner Kollegin Laura Schilberg“, antwortete Kerstin. Kerstin Müller war eine der Assistentinnen von Professor Cornelius und stand kurz vor dem Bergfest ihrer Promotionszeit. Seit zweieinhalb Jahren promovierte sie. Nach dem ersten Jahr war ihr Thema definiert und schriftlich festgehalten worden. Seitdem war sie mit der Umsetzung beschäftigt. Das Gespräch zwischen Institutsleiter und Doktorandin befand sich im Moment noch ganz am Anfang. In den ersten Minuten, im Small-Talk-Modus quasi. Zum Inhalt selbst hatten weder Kerstin noch der Professor etwas gesagt. Kerstin, die adrette, drahtige und ein bisschen streng wirkende blonde Doktorandin, saß aufrecht und zackig auf ihrem Stuhl. Wie ein Soldat. Cornelius hingegen, der Jetlag-Geschädigte, lümmelte mehr oder weniger auf dem unbequemen Möbel herum und suchte eine Sitzposition, die einigermaßen angenehm für ihn war. Auf dem Tisch vor Kerstin lag ihr mitgebrachtes Handout. Passend zu ihrem Aussehen, also akkurat, sauber geheftet und farbig ausgedruckt. Sicher, denn Kerstin wollte ja schließlich etwas erreichen. Und das Auge

isst ja bekanntlich immer mit. Während Cornelius seine Brille putzte, lugte er unbemerkt auf das Handout und konnte nur den fett gedruckten ersten Punkt der Gliederung lesen: Wechsel des Promotionsthemas. Er seufzte und schüttelte leicht den Kopf. Da standen dem betagten Institutsleiter wohl wieder 60 herausfordernde Minuten bevor. Er wusste schließlich, was auf ihn zukommen würde. Das passierte ihm nicht zum ersten Mal. Kerstin Müller war auch nicht die erste Doktorandin, der es einfiel, das Promotionsthema zu wechseln. Die drahtige und sonst so energische Blondine mit dem streng nach hinten zu einem Zopf zusammengesteckten Haar, begann betont verhalten. Ja, sogar ein bisschen verunsichert. So hatte es zumindest den Anschein. Allerdings nur was die Stimme und den Gesichtsausdruck anging. In der Sache selbst wählte sie klare Worte, korrekte und gut durchdachte Satzstellungen und folgte einem klaren Takt. Sehr professionell klang das alles und man merkte, dass die junge Frau sehr oft an ihrem Vortrag herumgefeilt hatte. Sie konnte sehr überzeugend darlegen, warum sie das vor anderthalb Jahren definierte Thema heute als komplett ungeeignet ansah.

„Sind Sie sich da sicher?“, fragte Cornelius und erkundigte sich nach zwei Details, die ihm nicht ganz klar erschienen.

„Das Thema ist schon von vielen Wissenschaftlern bearbeitet worden. Aber keinem ist bislang die Lösung gelungen“, erklärte Kerstin. Professor Cornelius schaute seine Doktorandin nachdenklich und fragend zugleich an. „Die Projektpartner im zugrundeliegenden Forschungsprojekt engagieren sich nicht ausreichend, gemessen am Arbeitsplan im Projekt-Antrag. Dies belegt, dass das Projekt nicht sinnvoll ist.“

„Und das ist Ihnen jetzt erst klargeworden?“, fragte Cornelius, und das klang selbst in seinen Ohren etwas abgedroschen. Eben genau so, als ob man diese Floskeln in ein und derselben Situation schon an die tausend Mal gehört hat.

„Ja!“, antwortete Kerstin überzeugt. „Erst jetzt, nach zwei Jahren, weiß ich, was ich wirklich will! Das neue Thema ist auch besser finanziert, weil in den nächsten Wochen mehrere Forschungsanträge dazu gestellt werden. Damit ist die Finanzierungsperspektive bis zum Ende der Promotion sicherer.“

„Das klingt ja alles recht schlüssig, Frau Müller“, meinte Cornelius und wirkte etwas genervt. „Aber kann es nicht sein, dass ...“

„Sehen Sie, Herr Professor“, unterbrach ihn Kerstin, und nun lief sie förmlich zur Hochform auf. „Der dem Thema zugrundeliegende Forschungsantrag war mit einer ungesicherten Hypothese ausgestattet. Der Autor wusste ja, er würde das Projekt nach seiner eigenen Promotion nicht bearbeiten müssen.“

Kerstin Müller hatte ihren Vortrag beendet und ihre Argumente in Form eines regelrechten Feuerwerks herausgeschleudert. Nun war sie fertig. Nicht nur mit ihrem Vortrag, sondern auch körperlich. So hatte es zumindest den Anschein, als sie sich wie erschöpft zurücklehnte. Sie sah recht zufrieden und zuversichtlich aus. Alles, was sie vorzubringen hatte, war gesagt und alle Argumente auf dem Tisch. Ihr schmales Gesicht strahlte eine gewisse Siegessicherheit aus, als ob sie denken würde: „Nach diesem präzise durchargumentierten Sturmangriff hat Cornelius kaum eine Chance, mir nicht zuzustimmen." Zumal in ihrem Vortrag auch eine Menge Aspekte enthalten waren, die durchaus die Sicht des Professors wiedergaben. Kerstin schaute ihren Professor mit ihren schmalen blauen Augen an und wartete auf dessen erste Reaktion. Aber Cornelius schwieg. Es hatte den Anschein, als sei er in Gedanken gewesen. Der Professor nahm seine Brille ab und rieb sich die Augen. Wahrscheinlich hatte er die Grenze der physischen Belastbarkeit erreicht. Dann setzte er die Brille wieder auf und schaute Kerstin eine Zeit lang fragend an.

„Sind Sie sich denn sicher, dass das alles Einwände und keine Vorwände sind?", fragte er dann ruhig.

„Äh …, wie bitte?", fragte Kerstin und begann nach ein paar Sekunden, die wichtigsten Eckpunkte ihres Vortrags zu wiederholen.

„Ja, ja …, das habe ich alles verstanden!", unterbrach Cornelius. „Lassen Sie mich das anders formulieren: Warum sind Sie so sicher, dass Sie mit Ihrem neuen Thema nicht an diesen Punkt kommen, an dem Sie jetzt gerade mit dem alten sind?"

„Weil ich es mit sehr viel mehr Wissen definiere als beim laufenden Thema!"

„Ja, ja …, schon klar", meinte Cornelius und wedelte verlegen mit der Hand umher. Er war in einer Standardsituation, die jeder Hochschullehrer kennt, und fragte sich wohl, wie jeder andere Kollege auch: „Wie soll ich nur vermitteln, dass sich bei jedem Thema, wenn man es sich ausreichend tief erschlossen hat, Probleme zutage treten können?" Dass es der direktere Weg zum Ziel ist, diese Probleme zu überwinden, statt ein neues, scheinbar widerstandsfreies Thema zu suchen. „Machen Sie doch nicht den gleichen Fehler wie so viele Ihrer Kollegen, liebe Frau Müller! Laufen Sie nicht davon, wenn es spannend wird. Sie müssen raus aus der Komfortzone!"

„Soll das heißen, Sie …"

„Was glauben Sie, sind die häufigsten Ursachen für ewig lange oder scheiternde Promotionen?", griff Cornelius ein.

Kerstin schwieg, zuckte aber mit den Achseln.

„Sind Sie schon einmal eine Rolltreppe gegen die Fahrtrichtung hinaufgelaufen?", fragte Cornelius.

„Nein ..., ich meine ja", antwortete Kerstin verwirrt.

„Dann wissen Sie, dass Sie in einem Zug durchlaufen und schneller sein müssen als die Treppe. Sobald Sie zögern und stehenbleiben, fallen Sie zurück!", erklärte der Professor. „Und genauso ist es auch mit dem Promovieren."

Promovieren ist wie eine Rolltreppe entgegen der Rollrichtung nutzen

Dieses Gespräch verlief beileibe nicht so, wie es sich Kerstin gewünscht und gedacht hatte. Sie war deprimiert und hatte das Gefühl, nun mit der Fortsetzung ihres Themas eine unlösbare Aufgabe zu haben. Aber wie hätte sie das Professor Cornelius sonst erklären sollen? Vor ein paar Wochen erst hatte Kerstins Kollegin Anna eine ähnliche Situation mit dem Professor erlebt. Vielleicht war es am besten, die Sache erst einmal auf sich beruhen zu lassen.

Am nächsten Tag traf Kerstin ihren zuständigen Post-Doc Alexander in der Kaffeeküche. Während er vor dem Wasserkocher auf sein Teewasser wartete, fragte er: „Und, wie war es beim Chef? Wann ist deine Prüfung?"

Kerstin antwortete nicht. Jedenfalls nicht mit Worten. Vielmehr begann sie zu weinen und meinte: „Ich darf mein eigenes Thema nicht bearbeiten."

„Hat dich der Alte abblitzen lassen?", wollte Alexander wissen. Kerstin nickte nur und schilderte Alexander das Gespräch mit Professor Cornelius. Alexander hörte aufmerksam zu.

„Der Alte checkt das nicht!“, sagte Alexander. „Weißt du was, ich geh mit dir noch einmal zu ihm und versuch, ihm das zu verklickern.“
Gesagt, getan! Alexander ging gleich am Nachmittag mit Kerstin zu Professor Cornelius und warb vehement für ihre Position. Dabei legte sich Alexander wirklich ins Zeug und hatte schließlich Erfolg.

„Na gut!“, meinte Cornelius, nachdem er sich den gesamten Vortrag von Alexander angehört hatte. „Es ist Ihre Dissertation und Ihre Lebenszeit! Legen Sie mir bitte schnellstmöglich ein neues Konzept vor. Für klug halte ich das allerdings nicht. Aber: Des Menschen Wille ist sein Himmelreich.“

Nach ihrem Erfolg machte sich Kerstin so schnell wie möglich an die Arbeit.

Und wenn sie nicht gestorben sind, dann… Ja, wie ist es Kerstin Müller ergangen? Sie promovierte letztlich zwei Jahre später als geplant. Das neue Thema hatte sich im Laufe der Zeit auch als sehr herausfordernd erwiesen. Eines Tages stand Kerstin dann im Foyer des Instituts mit dem Doktorhut auf dem Kopf und einem Glas Sekt in der Hand. Kein geringerer als Professor Cornelius stieß mit ihr an.

„Herzlichen Glückwunsch zur Promotion!“, sagte er.

„Vielen Dank, Herr Professor Cornelius!“

„Und, was nehmen Sie nun von der Promotion mit in die Zukunft?“, fragte Cornelius sichtlich amüsiert.

Kerstin lachte und antwortete: „Promovieren ist wie das Bohren dicker Bretter! Nur mit dem geänderten Thema konnte ich die Motivation aufbringen, meine Doktorarbeit zu Ende zu bringen. Manchmal muss es eben der längere Weg zum Ziel sein!“

„Tja, das mag sein!“, meinte Cornelius. „Es war Ihre Zeit und Ihre Dissertation. Ich hätte es anders gemacht. Aber ich bin nicht der Maßstab! Noch mal … Herzlichen Glückwunsch!“

***

8.2 Theorie

Jeder Doktorand muss sich auf unbekanntes Terrain begeben

Promovieren bedeutet, ein Ziel ins Auge zu fassen, bei dessen Erreichung der Stand von Wissenschaft und Forschung um einen bislang unbekannten Teil erweitert wird. Eine Dissertation muss über den Stand der Technik bzw. Forschung hinausgehen. Daraus folgt: Jeder Doktorand muss sich auf unbekanntes Terrain begeben, ohne zu wissen, ob und wie genau er das wissenschaftliche Ziel erreicht. Dem Umgang mit Unsicherheit ist daher dieses Kapitel gewidmet.

Werden Sie zum Kolumbus Ihrer eigenen Sache

Die Jahre einer Promotion ähneln der ersten Fahrt von Christoph Kolumbus von Europa nach Amerika. Am 3. August 1492 stach Kolumbus mit seinem Schiff „Santa Maria" und zwei weiteren Schiffen nach Ostasien in See. Sein Ziel war klar und er hatte seine Fahrt detailliert geplant und berechnet. So tut man es in der Regel auch bei der Definition eines Promotionsthemas. Man definiert das gewünschte Ergebnis und formuliert einen Lösungsansatz. Sobald Kolumbus aber losgesegelt war – seine Reise verlief über rund zwei Monate –, ergaben sich Widerstände, die er nicht geplant hatte und nicht vorhersehen konnte. Das Steuerruder eines der Schiffe brach und zwang Kolumbus zu einem Stopp auf der Insel Gomera. Kolumbus optimierte unterwegs die Segel seiner Schiffe, weil er zu langsam unterwegs war, um seine Planung einzuhalten. Mehrmals hatte er mit Unruhen in seiner Mannschaft zu kämpfen, da viele seiner Mitstreiter mit der Unsicherheit und Ungewissheit dieser Fahrt überfordert waren. Ungewohnte Naturereignisse wie z. B. die Rauchwolken des aktiven Vulkans Teide auf Teneriffa schürten Panik an Bord. Vor dem Erreichen des Festlandes wurden die Seefahrer von Tag zu Tag nervöser, weil bei der Planung eine frühere Ankunft berechnet worden war. Eine Meuterei konnte Kolumbus der Überlieferung nach verhindern, weil ein Vogel über das Schiff flog und er argumentierte, Vögel hielten sich nur in Küstennähe auf. Auf diese Art und Weise verbreitete er neue Hoffnung. Zu diesem Zeitpunkt standen den Matrosen jedoch noch vier Wochen Reise bevor. Am 12. Oktober 1492 erreichten die Schiffe erfolgreich die Küste.

Erkennen Sie die Ähnlichkeiten zur Promotion? Ja, Sie müssen mit Unsicherheit und Instabilität umgehen lernen. Promovieren bedeutet, vom Wissenschaftskonsumenten, wie Sie es aus dem Studium kennen, zum Wissenschaftsproduzenten zu werden. Dazu müssen Sie unbeantwortete Fragen stellen. Erstaunlicherweise gilt das Fragenstellen vielerorts als Schwäche. Es soll Doktoranden geben, die ihrem Betreuer aus der Sorge heraus, als unwissend eingestuft zu werden, keine Fragen stellen.

Unterwegs als Christoph Kolumbus

Wenn Sie die Phase der Unsicherheit erfolgreich überwinden, erfahren Sie sich als kompetent

Kolumbus traute seinen Berechnungen, wie auch Sie hoffentlich Ihren Planungen trauen. Trotzdem war es sicher oftmals herausfordernd, die Lücke zwischen Kopf (Planung) und Bauch (eigene Unsicherheit in der konkreten Situation) auszuhalten. Wenn Sie Phasen der Unsicherheit erfolgreich überwinden, erfahren Sie sich als kompetent. Dies stärkt Ihr Selbstvertrauen. Phasen der Unsicherheit sind daher Phasen Ihres persönlichen Wachstums.

In die Unsicherheit zu gehen bedeutet, aus dem gewohnten Trott auszubrechen. Ist das nicht ein spannender Gedanke? Abenteuer sind nichts anderes als Phasen selbstgewählter Unsicherheit.

Ändern Sie Ihre Gewohnheiten!

Um unter neuen Randbedingungen zurechtzukommen, ist die Änderung von Gewohnheiten ein wichtiger Schlüssel. Gewohnheiten sind zunächst etwas sehr Wertvolles, weil sie uns Sicherheit geben. Leistungssportler haben oftmals Routinen, die sie vor dem Start des Wettkampfes abspulen, um sich gut vorzubereiten, aber auch, um mit ihrer Nervosität umzugehen.

Der Sicherheitscheck vor dem Abflug eines Flugzeugs oder vor dem Beginn eines Tauchgangs ist eine wichtige Gewohnheit, die uns schützt. Nun gibt es auch Gewohnheiten in Lebenssituationen, die von Unsicherheit gekennzeichnet, aber nicht zieldienlich sind. Wenn Sie im Studium immer dann, wenn Sie unsicher waren, ob Ihr Verständnis einer Thematik stimmte, durch das Studium von Literatur Sicherheit gefunden haben, dann wird Ihnen diese Gewohnheit während der Promotion kaum helfen. Denn der Inhalt Ihrer Dissertation ist ja neu und geht über den Stand der Wissenschaft hinaus. Mit einer neuen Gewohnheit wäre Ihnen eventuell geholfen.

Wenn Sie nun versuchen, Gewohnheiten zu ändern, werden Sie feststellen, wie schwierig dies ist. Je länger Sie aber Ihr neues Verhalten trainieren, umso leichter wird es Ihnen fallen, dieses Verhalten beizubehalten. Auch nach langer Zeit, nach Wochen oder Monaten werden Sie noch die Macht alter Gewohnheit spüren, jedoch nur noch selten.

Oftmals fällt es schwer, in neuen Situationen, die Unsicherheit und Instabilität bedeuten, zurechtzukommen, weil wir an Gewohnheiten hängen, die in bekannten Situationen hilfreich sind, aber in der neuen Situation nicht zielgerichtet. Um diesen Gewohnheiten auf die Spur zu kommen, kann es helfen zu fragen: „Welche Gewohnheiten dienen nicht meinem *Wofür*?" Danach ist es elementar, diese Gewohnheiten zu entdecken und anzuerkennen. Sollte Ihnen dies gelingen, haben Sie beste Voraussetzungen für eine erfolgreiche Änderung Ihrer Gewohnheiten.

8.3 Anwendung

Planen Sie den unsicheren Weg, indem Sie Teilziele bilden, die Sie einzeln für erreichbar halten. Schreiben Sie diese Teilziele mit Datum der geplanten Erreichung auf und prüfen Sie die Erreichung dieser Teilziele.

Was müsste geschehen, damit Sie mit der aktuellen Unsicherheit und Instabilität umgehen können?

Holen Sie sich Feedback von anderen kompetenten Menschen darüber, wie Sie in Ihrer Situation wirken. Notieren Sie das Feedback. Was denken Sie über das Feedback?

Kennen Sie Menschen, die ähnliche Situationen bereits überwunden haben? Fragen Sie nach, wie dies gelungen ist. Notieren Sie, was auch Sie umsetzen könnten.

Wann in der Vergangenheit waren Sie mit Unsicherheit und Instabilität konfrontiert, und sind damit gut zurechtgekommen? Wie haben Sie das geschafft?

Fragen Sie andere nach Ihren schlechten Gewohnheiten. Welche Ihrer Gewohnheiten sind in Bezug auf Ihre Unsicherheit nicht hilfreich?

Mit welchen positiven Gedanken fällt es Ihnen leichter, das schlechte Gefühl zwischen Kopf und Bauch auszuhalten? Was gewinnen Sie durch die Gewohnheitsänderung?

5 Phasen zur Veränderung von Gewohnheiten

Auf zu neuen Gewohnheiten: So setzen Sie Veränderungen wirkungsvoll um!

Unser Leben ist geprägt von Gewohnheiten, ob wir wollen oder nicht. Viele Gewohnheiten erleichtern den Alltag, andere sind nicht hilfreich. Gewohnheiten sind für uns ein Rettungsanker, um die Komplexität der auf uns einstürmenden Realität handhabbar zu machen. Sie führen uns durchs Leben, denn ansonsten wäre das menschliche Gehirn überfordert mit den vielen alltäglichen Details, die immer wieder neu bearbeitet werden müssten. Gewohnheiten bieten Stabilität und helfen uns, uns nicht in Nebensächlichkeiten zu verheddern.

Ein Großteil unserer täglichen Handlungen besteht aus Gewohnheiten. Wir werden vom Autopilot in unserem Kopf gesteuert, ohne es überhaupt zu bemerken. Rund die Hälfte der täglichen Handlungen laufen nach einem unbewussten Programm ab. Die meisten Menschen denken, unser Verhalten orientiere sich an bestimmten Zielen. Tatsächlich ist das auch so – aber nur, wenn wir etwas zum ersten Mal tun. Mit jeder Wiederholung fällt uns der Vorgang leichter, bis er irgendwann automatisch abläuft.

Eine neue Gewohnheit könnte sein, öfter einmal Nein zu sagen, um Zeit zur Erstellung der Promotionsschrift zu haben. Nach Doris Wolf [1] können Gewohnheiten nicht einfach von heute auf morgen verändert werden, sondern sie müssen umgelernt werden. Es ist notwendig, sich aktiv dem Reiz zu widersetzen und sich bewusst zu entscheiden, anders zu handeln, damit das Gehirn aufhört, automatisch dem eingetretenen Pfad zu folgen. Beim Umlernen von Gewohnheiten werden in der Regel folgende fünf Phasen durchlaufen:

1. Phase: Erkennen und Annehmen

Der erste und leichteste Schritt ist die intellektuelle Einsicht. Sie haben Ihre Gewohnheiten überprüft und entgegen der bisher positiven Bewertung beurteilen Sie eine Gewohnheit nicht mehr als hilfreich. Theoretisch wissen Sie nun bereits, *wie* Sie sich eigentlich verhalten müssten – die Herausforderung liegt jedoch in der praktischen Umsetzung.

2. Phase: Nachdenken und Trainieren

Beginnen Sie darüber nachzudenken, wie es im Alltag wäre, sich so zu verhalten, wie im Rahmen der ersten Phase als besser erkannt. Stellen Sie sich eine konkrete Alltagssituation vor, mit der Sie anders umgehen wollen, und stellen Sie sich vor, wie Sie sich gemäß der neuen Beurteilung verhalten würden.

3. Phase: Widerspruch zwischen Intellekt und Emotion

Diese Phase ist der schwierigste Abschnitt. Sie bewerten die Situation realistisch und verhalten sich entsprechend Ihrer neuen Einstellung. Doch es bleibt ein negatives Gefühl, weil der Reiz nach wie vor da ist, die Belohnung jedoch ausbleibt. In dieser Situation wird Sie eventuell das Gefühl beschleichen, dass Sie sich nur etwas einreden und sich selbst belügen. Tatsächlich stimmt das sogar, denn Sie reden sich etwas ein, was Sie bis jetzt anders gesehen haben. Dieser Eindruck entsteht, weil Sie das, was Sie bisher als Gewohnheit eingeübt haben, jetzt korrigieren und gewissermaßen überschreiben wollen. In dieser Phase muss daher zwangsläufig ein Widerspruch zwischen Intellekt und Emotion auftreten. Nur wenn Sie dieses Gefühl beschleicht, ist ein Fortschritt gemacht und feststellbar. Jetzt braucht es zwei Dinge: Mut und Geduld. Denn Ihr Gehirn kann gar nicht anders, als erst nach einer gewissen Zeit gemäß der neuen Bewertung mit dem damit verbundenen neuen Verhalten zu reagieren. Je nach Persönlichkeit dauert es zwischen drei Wochen und neun Monaten, bis sich das Unterbewusste auf die neue Bewertung und die damit verbundene Handlung eingespielt hat und Sie eine neue Gewohnheit etabliert haben.

4. Phase: Übereinstimmung zwischen Intellekt und Emotion
Jetzt ist das Ziel schon zum Greifen nahe. Die alten Gefühle lassen langsam nach und das Gehirn reagiert stimmig auf die neue Bewertung. Zwar sind Sie sich noch sehr bewusst, dass die Gedanken neu sind – aber Sie haben bereits das Gefühl, dass das neue Verhalten zu Ihnen passt.

5. Phase: Die neue Gewohnheit ist erlernt
Herzlichen Glückwunsch, jetzt haben Sie es geschafft! Sie reagieren auf den Reiz direkt mit der von Ihnen gewünschten Bewertung, verhalten und fühlen sich entsprechend. Die Gewohnheit ist nun Teil Ihres Autopiloten.

8.4 Herausforderungen

- ☐ Schlechte Gewohnheiten entdecken und verändern.
- ☐ Gewohnheiten verändern braucht Zeit.
- ☐ Ihre Fähigkeit, Instabilität zu ertragen, ist die Stärke Ihres Selbstwertgefühls.
- ☐ Schlechte Gewohnheiten: Nicht abschließen können, Perfektionismus, nicht anfangen.
- ☐ Die Unsicherheit aushalten können.

8.5 Das Wichtigste in Kürze

> Wenn Sie in Unsicherheit und Instabilität geraten, weil Sie in eine neue Situation kommen, werden alte Gewohnheiten möglicherweise störend.
>
> Setzen Sie die 5 Phasen der Gewohnheitsveränderung um.
>
> Legen Sie hilfreiche Gewohnheiten an und hemmende Gewohnheiten ab.
>
> Beginnen Sie jetzt!

8.6 Reflexionsfragen

- ☐ Dienen Ihre Gewohnheiten Ihrem *Wofür*?
- ☐ Was sind Ihre für Ihr *Wofür* hilfreichen Gewohnheiten?
- ☐ Was sind Ihre limitierenden Gewohnheiten?
- ☐ Wie können Sie zum Kolumbus Ihrer eigenen Sache werden?
- ☐ Was wären geeignete Zwischenetappen, die Sie jeweils für kalkulierbar halten?
- ☐ Was ist das Schlimmste, was aus Ihrer Unsicherheit resultieren könnte?
- ☐ Welchen Preis bezüglich der kurzfristigen, mittelfristigen und langfristigen Perspektive werden Sie zahlen, wenn Sie Ihre limitierenden Gewohnheiten nicht verändern?
- ☐ Was bringt Sie immer wieder in Unsicherheit?
- ☐ Wie sind Sie in der Vergangenheit mit Unsicherheit umgegangen?

8.7 Literatur

[1] Doris Wolf: *Ängste verstehen und überwinden*, PAL Verlagsgesellschaft, 2016

Literaturtipp

Rolf Merkle: *Lass Dir nicht alles gefallen: Selbstbewusstsein stärken, selbstsicher auftreten, Nein sagen lernen*, PAL Verlagsgesellschaft, 2011

9. Kapitel: Überlastung – Werden Sie gestresst oder lassen Sie sich stressen?

„Alles, was zu viel ist, wird der Natur zuwider."
Hippokrates von Kos

* * *

9.1 Auch Professoren haben nicht alles unter Kontrolle

Professor Cornelius war gerade damit beschäftigt, ein paar Berichte seiner Studenten durchzuarbeiten. Es war schon ziemlich spät am Vormittag und er musste noch eine Vorlesung halten. Da läutete sein Telefon. Cornelius sah auf die Anzeige. Sein Vorzimmer.

„Was gibt's, Frau Stresemann?"

Die Sekretärin kündigte einen Anruf an. Einen lästigen! Ein sonst sehr geschätzter Kollege wollte Cornelius sprechen und ihn zur Eröffnung eines neuen Instituts beim Festkolloquium als Gastredner einladen. An die 500 Gäste wurden erwartet. Als Professor Cornelius das hörte, schaltete er sofort auf Abwehrmodus. Denn wenn er eines nicht leiden konnte, dann waren das irgendwelche Festreden. Sicher, das gehörte nun einmal mit zu seinem Job. Aber auch Eiskunstläufer mögen manche Pflichtübungen nicht. Cornelius überlegte fieberhaft, wie er sich herausreden konnte. In diesem Fall war das besonders blöd, denn er mochte und schätzte den Kollegen.

„Kann ich durchstellen?", fragte Frau Stresemann.

„Ja, stellen Sie durch!"

Cornelius lehnte sich in seinem Bürosessel zurück und wartete, bis der Kollege in die Leitung kam. Die letzten Sekundenbruchteile nutzte er noch, um sich Ausreden einfallen zu lassen.

„Herr Kollege Cornelius, ich grüße Sie!"

„Professor Hochschild! Welch eine Freude! Wie geht es Ihnen denn?", erwiderte Cornelius, und im ersten Moment freute er sich wirklich, seinen Kollegen mal wieder zu hören. Die beiden Wissenschaftler begannen einen recht lockeren Small Talk und tauschten sich über dieses und jenes aus. Etwa zehn Minuten lang.

„Den Grund meines Anrufs erahnen Sie bestimmt, mein lieber Herr Kollege", begann Professor Hochschild und kam damit auch schon zur Sache. Cornelius rutschte auf seinem Stuhl hin und her. Aufmerksam verfolgte er jedes Wort seines Gesprächspartners, um im richtigen Moment einhaken zu können. Professor Hochschild bot ihm diese Gelegenheit aber nicht,

sondern überzeugte Cornelius mit einem wortreichen und perfekten Vortrag, der keinerlei Möglichkeit für eine Ausrede bot.

„In Ordnung, Herr Kollege, ich komme zur Eröffnung!"

Professor Cornelius hatte sich also geschlagen gegeben und zugesagt. Obwohl schon der Gedanke an diese Veranstaltung bei ihm das pure Grauen auslöste, beschloss Cornelius, sich besonders gut vorzubereiten. Genügend Zeit hatte er ja noch. Die Eröffnung war erst in sechs Monaten. Er machte sich an die Arbeit, und drei Monate vor der Eröffnung und dem Vortrag stand seine Präsentation. Um auf Nummer sicher zu gehen, hielt er sogar vor seinen Mitarbeitern Probevorträge. Das Feedback aus diesen Proben wurde dann in den kompletten Vortrag eingebracht und hievte diesen noch einmal auf ein höheres Niveau. Cornelius hatte wirklich alles unternommen, was in seiner Macht stand, um eine möglichst perfekte Vorstellung abzuliefern. Gerade wenn es darum ging, vor vielen Leuten zu sprechen, hatte Professor Cornelius oft mit Lampenfieber zu kämpfen. Die Gewissheit einer perfekten Vorbereitung gab ihm ein Gefühl der Sicherheit. Und das brauchte er auch, damit die Nerven unter Kontrolle blieben. Außerdem hasste Cornelius nichts mehr, als Auftritte vor Publikum mit ungewissen und un- oder semiprofessionellen Rahmenbedingungen. Kurzum: Keine halben Sachen! Aus diesem Grund gab es auch bei Professor Cornelius ein paar Rituale. Eines davon war, vor seinen geplanten Auftritten die jeweilige Bühne zu besichtigen.

Einen Tag vor dem geplanten Auftritt rief Burkard Gruber, der Chef des Organisationskomitees, bei Cornelius an und eröffnete ihm, dass die Veranstaltung aufgrund der vielen Besucher nun doch nicht im Hörsaal des Instituts stattfinden konnte. Das Organisationskomitee hatte beschlossen, in das Festzelt auszuweichen.

„Vielen Dank, dass Sie mich über dieses Detail extra informieren", sagte Cornelius. „Das ist aber doch kein nennenswertes Problem, oder?"

„Nun ja…", druckste Gruber am Telefon herum. „Vielleicht doch. Oder auch nicht. Es kommt ganz darauf an."

„Sie sprechen gerade in Rätseln!", stellte Professor Cornelius fest. Und das passte ihm gar nicht. Ein dumpfes Gefühl der Vorahnung überkam ihn. „Was ist denn los?"

Gruber eröffnete dem Professor, dass das Zelt nicht abdunkelbar sei und der Beamer nicht lichtstark genug, um einen guten Kontrast bei einer Präsentation zu gewährleisten. „Brauchen Sie für Ihren Vortrag eigentlich einen guten Kontrast?", fragte Gruber.

Cornelius schwieg. Sein ungutes Gefühl hatte ihn also nicht getäuscht. Er hasste unklare Rahmenbedingungen und Improvisation. Da kam auch schon wieder die Erinnerung an einen spontanen Vortrag vor vielen Jahren. Der war gründlich in die Hose gegangen, weil aufgrund schlampiger Vorbereitung die Rahmenbedingungen nicht gepasst hatten. Für Cornelius fast ein traumatisches Ereignis. Er hatte sich damals vorgenommen, nie wieder unter suboptimalen Bedingungen aufzutreten.

„Wenn die Bedingungen nicht passen, halte ich es für besser, nicht aufzutreten“, sagte Cornelius dann auch entschieden. „Es tut mir leid für Sie und Ihre Veranstaltung, aber bevor die ganze Sache in die Hose geht …“ Er hörte, wie Herr Gruber am anderen Ende der Leitung vor Schreck scharf die Luft einzog, und schwächte seine Aussage etwas ab: „Es sei denn, Sie bauen ein neues und besser geeignetes Zelt auf oder besorgen einen lichtstärkeren Beamer.“

Herr Gruber zeigte für Cornelius‘ Haltung absolutes Verständnis und entschuldigte sich noch einmal mit der Erklärung, dass dieses Problem erst aufgefallen sei, nachdem sie das Zelt aufgebaut hatten.

Vier Stunden später rief Herr Gruber noch einmal an. „Wir haben verschiedene Varianten durchgecheckt“, sagte er. „Aber leider können wir keinen stärkeren Beamer auftreiben. Wir könnten allerdings versuchen, das Zelt im Bereich der Leinwand zu verdunkeln. Wir besorgen dazu einige schwarze Abdeckplanen.“ Dann war auch dieses Telefonat beendet. Bei Professor Cornelius hatten diese News jedoch nicht zu mehr Gelassenheit geführt. Im Gegenteil, er war noch genervter als vorher. Nur in der Sache mit den Abdeckplanen sah er einen kleinen Hoffnungsschimmer, dass das Umfeld doch noch ein bisschen professioneller wurde. Aber auch dieser Hoffnungsschimmer sollte zunichtegemacht werden. Denn keine zwei Stunden später rief Herr Gruber erneut an und meinte: „Tut mir leid, Herr Professor Cornelius, aber mit dem Abdunkeln wird es nichts. Damit würden wir die TÜV-Vorschriften verletzen und die Abnahme riskieren. Können Sie Ihren Vortrag denn nicht mit einem Flipchart halten?“

„Wie lang ist das Zelt?“, fragte Cornelius genervt. Langsam verging ihm echt die Lust auf diesen lästigen Vortrag. „Die kommen ja doch nicht in die Hufe“, dachte er sich.

„25 Meter!“, antwortete Gruber. „Warum?“

„Dann vergessen wir das auch!“, sagte Cornelius. „Ich dachte, ich schreib einfach größer. Aber so groß, dass die Leute hinten im Zelt noch was lesen können… nein, so groß kann ich leider nicht schreiben!“

„Und wenn Sie die Schrift auf den Folien größer machen und mit starken Kontrasten arbeiten?“

Cornelius seufzte und schüttelte genervt und frustriert den Kopf. „Ich werde das prüfen!“, brummte er und legte auf. Langsam aber sicher hatte Cornelius wirklich keine Lust mehr auf dieses unprofessionelle Getue. Am liebsten hätte er den Vortrag wirklich einfach abgesagt. Das konnte und wollte er seinem befreundeten Kollegen Hochschild aber nicht antun. Er hatte ihm schließlich sein Wort gegeben. „Was mache ich nur?“, fragte er sich. „Wie bringe ich die Kuh vom Eis?“ Grübelnd ging er auf und ab. Dann eilte er in den Besprechungsraum und testete dort die unterschiedlichen Schriftgrößen und deren Kontrast bei verschiedenen Lichteinfällen. Schnell wurde ihm klar, dass nur einzelne Worte auf die Folien passten. Die vorbereitete Präsentation war damit Geschichte. Cornelius musste also wohl oder übel improvisieren. Also das tun, was er am meisten hasste. Und es stresste ihn, keine Kontrolle über die Situation zu haben. Cornelius blieb nichts anderes übrig, als sich hinzusetzen und den Vortrag noch einmal gründlich zu überarbeiten.

Als Professor Cornelius mit der Überarbeitung fertig wurde, war es genau 21:00 Uhr. Um 6:00 Uhr am nächsten Morgen musste er sich bereits auf den Weg zum Vortrag machen. Kopfschüttelnd, genervt und gestresst verließ er das Institut. Wenn es kommt, dann alles auf einmal: Auf dem Nachhauseweg geriet er auch noch in einen Stau. Um dreiviertel zehn kam er dann endlich heim. Im Haus war es still und dunkel. Nur das Energiesparlicht in der Küche brannte. Seine Frau war bereits im Bett. Und genau dorthin wollte er auch. Cornelius lächelte, als er den Kühlschrank öffnete. Seine Frau hatte ihm eine Portion Abendbrot zurechtgemacht und in den Kühlschrank gestellt. Er hätte es sich in der Mikrowelle wärmen können, doch das hätte ihm zu lange gedauert. Also aß er es gleich hier im Stehen. Kalt! Während er so dastand, das kalte Gulasch mit Reis essend, dachte er an seine Frau. Sie würde jetzt schimpfen, weil er sein Essen nicht gewärmt hatte. Und er dachte an den Streit von heute Morgen. Es war wieder mal um nichts gegangen, und trotzdem hatten sie sich in die Haare gekriegt. Cornelius schüttelte frustriert den Kopf. Was für ein Tag … „Den streiche ich am besten aus dem Kalender“, dachte er sich. Schlafen konnte der Professor in dieser Nacht nicht. Er wälzte sich hin und her und versuchte, die vielen Dinge auf die Reihe zu bekommen, die ihm durch den Kopf gingen. Allein dabei kam er vom Hundertsten ins Tausendste. Nach zwei Stunden stand er wieder auf und stellte sich unter die Dusche. Zur Entspannung und um sich abzulenken. Aber es funktionierte nicht.

Pünktlich landete seine Maschine, und im Foyer des Flughafens wurde Professor Cornelius bereits von einem Fahrer des Instituts erwartet. Auf direktem Weg ging es zur Veranstaltung.

„Ach du dickes Ei!“, sagte Cornelius ganz leise und nur zu sich selbst, als er das Festzelt betrat. „Das ist ja mindestens so katastrophal wie beschrieben.“

In der Tat, im Zelt war es taghell. Cornelius schaute auf die Leinwand. Auf diese wurde gerade der Titel des Festkolloquiums projiziert. Die Schrift konnte man kaum lesen! Cornelius schüttelte den Kopf und wurde schon wieder nervös. Außerdem befand sich hier im Zelt eine Getränkebar. „An der wird später reges Treiben herrschen“, dachte er sich und überlegte fieberhaft, wie er diese Misere in den Griff bekommen konnte. Dann hatte er eine Idee und wandte sich an Herrn Gruber. „Können Sie das so regeln, dass während meines Vortrags keine Getränke ausgeschenkt werden?“

„Oh, da haben wir aber ein Problem“, meinte Gruber. „Die Bar wird von einem Externen betrieben. Der wird da nicht sehr begeistert sein!“

„Dann reden Sie mit dem!“, setzte Cornelius energisch nach. „Sonst werden die ganzen Zuhörer von dem Hin- und Hergerenne abgelenkt und wir haben hier das absolute Chaos.“

„Ich will sehen, was sich machen lässt!“, sagte Gruber mit einem genervten Gesichtsausdruck und eilte davon.

„In den nächsten Minuten wird es ziemlich anstrengend für Sie werden!“ Mit diesem Intro begann Cornelius seinen Vortrag. Der Einstieg war so ungewöhnlich, dass es im Zelt sofort still wurde und Cornelius die volle Aufmerksamkeit seiner Zuhörer hatte. Ermutigt fuhr er fort, und letztendlich sprach Cornelius frei, ohne Bezug zu den Folien. Am Ende erntete er stürmischen Beifall: Sein Auftritt war ein voller Erfolg. Eine Menge Leute gratulierten ihm dazu, und natürlich war er Profi genug, um ‚gute Miene zum bösen Spiel' zu machen. Cornelius lächelte, schüttelte viele Hände und machte Small Talk. So wie sich das eben gehört. Insgeheim dachte er sich allerdings: „So was Unprofessionelles mach ich nie wieder!“

„Sie sind ja richtig erledigt“, sagte sein Fahrer mitfühlend, als sich Cornelius erschöpft auf den Rücksitz fallen ließ.

„Wie kommen Sie denn darauf?“, fragte dieser ironisch und mit fast geschlossenen Augen. Den Kopf hatte Cornelius bequem nach hinten gelegt.

„Aber Sie halten doch als Professor dauernd Vorträge. Sind Sie danach immer so platt? … Herr Professor?“

Als der Fahrer keine Antwort bekam, schaute er in den Rückspiegel. Professor Cornelius war eingeschlafen.

***

9.2 Theorie

Stress wird Ihnen auch während der Promotion begegnen. Sie werden Situationen erleben, in denen Sie den Eindruck haben, wie Cornelius die Kontrolle zu verlieren. Diese Situationen sind nicht zu vermeiden, denn die Zeit der Promotion serviert Ihnen umfangreiche Herausforderungen, die neu und daher nicht sicher beherrschbar sind. *Wie* Sie an diesen Situationen persönlich wachsen können, ist Thema dieses Kapitels.

Wie entsteht Stress?

Das Stresshormon Cortisol, das in solchen Situationen ausgeschüttet wird, kann man im Körper messen. Stress ist also eine chemisch messbare Reaktion des Körpers. Wie entsteht aber nun Stress? Es gibt in der Literatur eine Reihe verschiedener Stresstheorien. Eine sehr bekannte Theorie sei an dieser Stelle zum besseren Verständnis des Phänomens Stress dargestellt.

Wir haben Einfluss auf unseren Stress

Nach der Stresstheorie von LAZARUS [1] bewerten Menschen Situationen, in denen sie stecken, und prüfen sofort, ob sie diese Situationen mit den ihnen verfügbaren Ressourcen meistern können oder nicht. Ist das Ergebnis der Bewertung negativ, reagieren Menschen mit Stress. Dieser Stress führt zum Entwurf einer Strategie zur Bewältigung der Situation. Danach erfolgt eine erneute Bewertung der entworfenen Strategie.

Was kann man aus diesem Modell schließen?

a) Stress ist eine Reaktion auf Kontrollverlust.
b) Stress ist dazu da die Lösungsfindung zu aktivieren, und daher hilfreich.
c) Stress ist keine absolute Größe, die auf alle Menschen in gleicher Form wirkt, sondern massiv abhängig von der Bewertung des Stressors (Auslöser des Stresses) durch den betroffenen Menschen. Wir produzieren uns unseren Stress selber, könnte man sagen! Das soll nicht heißen, wir seien für unseren Stress selbst verantwortlich.
d) Wir haben Einfluss auf unseren Stress.

Wirkungen von dauerhaftem Stress können z. B. sein: Konzentrationsschwierigkeiten, Ablenkbarkeit, schlechtes Kurz- und Langzeitgedächtnis, zunehmende Fehlerhäufigkeit, Hypochondrie, längere Abwesenheit vom Arbeitsplatz,

Abschieben von Verantwortung und Verminderung des Selbstwertgefühls [2]. Stress kann aber auch ein guter Anlass sein, um daran zu wachsen und Situationen, die heute noch stressen, künftig routiniert meistern zu können.

9.3 Anwendung

Dauert Stress längere Zeit an, d. h. über einige Wochen, dann ist es empfehlenswert, dass Sie sich über folgende Punkte Gedanken machen:

- Was können Sie von sich in angemessener Weise erwarten?
- Kommunizieren Sie Ihrer Umwelt Ihre Grenzen. Auf diese Weise geben Sie Ihrer Umgebung die Chance, ihr Verhalten in Bezug auf Sie mit positiver Wirkung auf Sie zu verändern.
- Schaffen Sie sich Inseln in Ihrem Leben, auf denen Sie zur Ruhe kommen.

In dem Moment, in dem Sie merken, dass Sie die Kontrolle verlieren, denken Sie darüber nach, wie Sie die Situation kontrollieren könnten. Konzentrieren Sie sich auf den nächsten Schritt, der Sie näher an die Kontrolle der Situation bringt. Hangeln Sie sich so von Schritt zu Schritt durch.

Viel zu arbeiten ist nicht per se stressig. Permanent Kontrollangst dabei zu haben schon.

Was löst bei Ihnen Stress aus? Wenn Sie Ihre Stressoren kennen, können Sie beginnen, Ihren Stress zu reduzieren.

Was sind die Momente, in denen Sie nicht gestresst sind?

Suchen Sie einen Gesprächspartner und sprechen Sie über Ihr Stress-Thema. Schreiben Sie dann hier auf, wie das Gespräch auf Sie gewirkt hat.

Welche Ventile, die Ihnen guttun, könnten Sie nutzen, um Stress und eventuell stressbedingt aufkommende Aggressionen abzubauen? Wie oft könnten Sie die Ventile nutzen? Wie sehen Ihre Ventile konkret aus?

Kennen Sie Situationen, in denen Sie extrem gestresst waren? Wie würden Sie die Situationen heute bewerten?

Wo überall (wann) treten Stressreaktionen bei Ihnen auf? Überlegen Sie: Was genau möchten Sie haben? Sprechen Sie mit Menschen in Ihrem Umfeld über mögliche Lösungen. Holen Sie sich Feedback aus der Umgebung zu Ihrem aktuellen Verhalten. Wie könnten konkrete Schritte zur Lösung aussehen?

Was könnten Sie sich Gutes tun?

✎ ______________________________

____

____

Wie könnten Sie in Stresssituationen die Kontrolle bewahren?

✎ ______________________________

____

____

9.4 Herausforderungen

- ☐ Nein sagen können, um sich nicht in stressige Situationen zu begeben.
- ☐ Die eigenen Lebensprämissen kennen und leben.
- ☐ Gut planen, um Stress zu vermeiden.
- ☐ Sich klarmachen, dass Stress gestaltbar ist.

9.5 Das Wichtigste in Kürze

Stress ist individuell und hängt von Ihrer Interpretation der Umgebungsreize (Stressoren) ab.

Es gibt viele Methoden zur Verringerung von Stress. Dem Stress muss man sich nicht ausliefern.

9.6 Reflexionsfragen

- ☐ Wann waren Sie schon einmal gestresst? Wie sind Sie damit umgegangen?
- ☐ Wann haben Sie Stress?
- ☐ Wie spüren Sie Stress?
- ☐ Woran erkennen andere, dass Sie gestresst sind?
- ☐ Wie gehen Sie mit Ihrer Definition von Stress um?
- ☐ „Ich habe Druck“, „Ich mache mir Druck“ – Was denken Sie? Wie und wo?
- ☐ Wobei hilft Ihnen Stress?
- ☐ Wofür ist Ihr Stress in Ihrer aktuellen Situation nützlich?
- ☐ Wie könnten Sie Kontrolle behalten?

9.7 Literatur

[1] Richard S. Lazarus: *Stress and Emotion. A new Synthesis*, Springer Verlag, 1999

[2] David Fontana: *Mit dem Stress leben*, Verlag Hans Huber, 1991

Literaturtipps

Norbert Preetz: *Nie wieder Angst: So lösen Sie Ängste in Minuten*, Verlag Erfolg und Gesundheit, 2015

Manfred Spitzer: *Rotkäppchen und der Stress: (Ent-) Spannendes aus der Gehirnforschung*, Schattauer, 2014

10. Kapitel:
Stärken und Schwächen – Zwei Seiten einer Medaille

„Wer weiß, wo seine Stärken liegen,
kann leichter zu seinen Schwächen stehen."
Ernst Ferstl

* * *

10.1 Der Kundenbesuch

„Trinken wir auf Ihr Wohl", sagte Dr. Schubert und stieß mit Laura an. Laura hatte sich in Gegenwart einer solchen Persönlichkeit noch nie so wohl gefühlt. Bei Dr. Schubert handelte es sich um keinen geringeren als den CTO eines Unternehmens mit 3000 Mitarbeitern. „Ich schätze Ihre Detailkenntnis und Ihre kritische Haltung gegenüber Ihrer eigenen Arbeit."

Laura hatte den Top-Manager am Vortag auf einer Fachtagung angesprochen und dafür ihren ganzen Mut zusammennehmen müssen. Kein Wunder, wirkte Herr Schubert doch eher kühl und unnahbar in seinem dunklen Zweireiher, mit seinem präzise gescheitelten grauen Haar und dem hageren, kantigen Gesicht. Er war eine Persönlichkeit, keine Frage! Und er konnte beeindrucken … Gestern hatte er auf den ersten Blick allerdings wie ein emotionsloser Hochleistungs-Roboter gewirkt; er hatte druckreif und in reinstem Hochdeutsch mit ihr gesprochen. Kein „äh", kein „sag ich mal", keine Füllphrasen waren über seine Lippen gekommen. Dr. Schubert war ihr vorgekommen wie der physische Beweis, dass es deutsche Tugenden gab.

Das Gespräch der beiden entwickelte sich heute aber völlig anders, als Laura es erwartet hatte. Schubert fragte interessiert nach ihren Forschungsinteressen, aber auch, wofür sie begonnen hatte zu promovieren und was sie damit für die Menschen in ihrer Umgebung erreichen wollte. Seine Art zu kommunizieren strahlte eine gewisse Wärme aus, die Laura diesem Prototyp eines erfolgreichen Unternehmers nicht zugetraut hätte. Laura fand das Gespräch herausfordernd, hatte aber sofort das Gefühl, dass Schubert sich für sie als Person interessierte. Laura erzählte von sich und ihrem aktuellen Projekt. Später lud sie ihn in ihr Institut ein, das er seit Jahren nicht mehr besucht hatte. Ja, es bestand sogar die Möglichkeit, dass Schubert das Institut beauftragen würde, ein Forschungsprojekt für sein Unternehmen durchzuführen.

Zurück im Institut, erzählte sie von ihrer Begegnung mit Dr. Schubert und dem anstehenden Besuch. „Gratuliere, Frau Schilberg, das ist ein toller

Erfolg", zollte Professor Cornelius Laura seine Anerkennung. „Ich bin nicht sicher, ob ich in Ihrem Alter schon einen so dicken Fisch an die Angel bekommen hätte! Glückwunsch! Ziehen Sie aber bitte für den Besuch einen erfahrenen Kollegen hinzu, der Ihnen hilft, den Kunden an Bord zu holen."

„Mach ich, Herr Professor!"

Gesagt, getan: Laura sprach ihren Kollegen Mathias an, einen großgewachsenen, schlaksigen Kerl, der immer eine Spur zu cool wirkte und zwei Jahre länger am Institut war als sie. Mathias hatte ein großes Netzwerk aufgebaut und es war ihm bereits gelungen, zwei Industrieaufträge eigenständig zu akquirieren. Im Institut galt er bei allen als super Verkäufer. Mathias war ein „Hans Dampf in allen Gassen".

„Klar mach ich das!", meinte Mathias dann auch sofort. „Ich helfe gerne."

„Super! Danke!"

„So eine Akquise ist eigentlich gar kein großes Thema", sagte Mathias und erklärte kurz sein Erfolgsrezept: „Du musst Gemeinsamkeiten ansprechen, gute Stimmung machen, am besten ist es, wenn der Kunde dir das Du anbietet. Dann hast du bereits die halbe Miete. Bei der Präsentation stets im Allgemeinen bleiben, dann können wir das, was wir liefern, besser an die Kundenbedürfnisse anpassen."

Vier Wochen später betrat Dr. Schubert den Besprechungsraum des Instituts. Es war exakt derselbe Schubert wie auf der Tagung. Nur seine perfekt gebundene Krawatte war heute himmelblau und nicht rot. Schubert legte seinen silbernen Aluminiumkoffer auf den Besprechungstisch, ließ die Riegel aufschnappen und holte einen Block Millimeterpapier und einen 0,5-mm-Druckbleistift hervor. Er richtete beides parallel an der Tischkante aus. Dann schloss er den Koffer wieder und stellte ihn neben dem Tisch ab.

„Voll der spießige Typ", sagte Mathias leise flüsternd zu seinem Nachbarn. „Der hat ja 'nen Stock verschluckt!"

Dr. Schubert blickte in die Runde und eröffnete das Gespräch: „Es freut mich, nach zehn Jahren wieder einmal hier zu sein und zu sehen, was sich im Detail in den letzten Jahren getan hat. Vielleicht kommen wir ja sogar für ein gemeinsames Projekt zusammen. Wollen wir mit einer Vorstellungsrunde beginnen? Bisher kenne ich nur Frau Schilberg!"

„Ja gerne", startete Mathias in dem für ihn typischen Engagement durch „Ich habe hier an der Universität Materialwissenschaften studiert und bin seit einem Jahr Abteilungsleiter. Also wir sind führend auf dem Gebiet des ..." In diesem Moment vibrierte sein Smartphone, und er entschuldigte sich knapp mit einem dringenden Gespräch und verließ den Raum.

Laura nahm den Faden auf und bat die Anwesenden darum, die Vorstellungsrunde fortzusetzen. Als Dr. Schubert an der Reihe war, begann er: „Ich bin der CTO des Unternehmens. Besonders wichtig ist mir Präzision in der Planung der Technologie-Roadmap unseres Unternehmens und eine kritische Haltung unserem eigenen Tun gegenüber. Firmen, die die kritische Distanz zu sich verlieren, scheitern früher oder später.“
In diesem Moment kam Mathias wieder herein und nahm seinen Platz wieder ein. Dr. Schubert gab umgehend das Gespräch an ihn ab. Er fragte: „Sie sagten eben, Sie seien führend auf Ihrem Gebiet, welches Gebiet meinen Sie?“

„Auf dem Gebiet der Materialwissenschaften!“, kam es wie aus der Pistole geschossen. „Das spielt ja auch für Ihr Unternehmen eine große Rolle, nicht wahr?“

„Ja, Materialien sind wichtig für uns!“, bestätigte Schubert freundlich amüsiert, „Aber wo sind Sie führend?“

„Im Wettbewerb sind die wesentlichen Wettbewerber natürlich ähnlich!“, antwortete Mathias und wich etwas aus. „Das ist wie bei Ihrem Unternehmen!“
Auf Schuberts Stirn bildeten sich skeptische Falten ab. Er zog die Brauen hoch. „Ich erkläre Ihnen gerne, wo unsere Alleinstellungsmerkmale liegen! Aber jetzt sind erstmal Sie an der Reihe. Was würde der Welt fehlen, wenn es dieses Institut nicht gäbe?“
Mathias rang nach Luft, behielt aber die Fassung. „So ein arrogantes Arschloch“, dachte er sich. Schließlich antwortete er: „Wir bekommen nur den kleinsten Teil unseres Budgets vom Staat offenbar gibt es einen Bedarf für uns!“

„Das bezweifele ich nicht“, konterte Schubert. „Aber was kann ich bei Ihnen bekommen, was sonst niemand so gut kann? Mit Ihrer jungen Kollegin war ich da offen gesagt vor ein paar Wochen schon einmal weiter.“

„Was denkt der sich eigentlich?“, fragte sich Mathias empört. Die Ansage von Schubert hatte ihn sichtlich getroffen. Mathias entschuldigte sich erneut mit einem wichtigen Telefonat und verließ fast fluchtartig den Besprechungsraum.

Laura hatte das Gespräch verfolgt und war schockiert. „Was ist da nur schiefgelaufen?“, fragte sie sich. Sie hatte keine Ahnung, wie sie die Situation retten sollte.

„Möchten Sie auch einen Kaffee?“, fragte Dr. Schubert diplomatisch in die Runde, um den peinlichen Moment zu überspielen.

„Ja, gerne, gute Idee“, antwortete Laura erleichtert.

„Und dann machen wir einfach so weiter wie neulich!“, schlug Schubert vor.

Nach dem offiziellen Meeting saß Laura noch mit Dr. Schubert in der Kantine des Instituts. Natürlich hatte sie das Gespräch auch auf die leidige Diskussion zwischen Schubert und Mathias gelenkt und wollte wissen, was denn da eigentlich los gewesen war.

„Im Detail und im Hinhören liegt wohl nicht unbedingt die Stärke Ihres Kollegen“, stellte Schubert nüchtern fest. „Aber er hat ja noch Zeit, neue Stärken zu entwickeln.“

Ein paar Tage später rief Dr. Schubert Mathias an und half ihm bei der Diskussion der Alleinstellungsmerkmale. Und Laura konnte sich über einen großen Auftrag für das Institut freuen.

***

10.2 Theorie

Sind Sie sich Ihrer Stärken bewusst? Mit Ihren Stärken bringen Sie Ihre Promotion voran! Kennen Sie Ihre Schwächen? Welche Wirkung haben Ihre Schwächen auf Ihre Promotion? Wenn Sie dies interessiert, können Sie sich in dieses Kapitel vertiefen.

Wie entstehen Stärken und Schwächen?

Eine Stärke ist eine beständige, beinahe perfekte Leistung in einer Tätigkeit [1].

Eine Schwäche ist eine nicht zieldienliche persönliche Eigenschaft.

> *Mit Ihren Stärken bringen Sie Ihre Promotion voran*

Aber wie entstehen Stärken und Schwächen? Sind es Fähigkeiten, mit denen Menschen von Geburt an in besonderem Maße ausgestattet sind oder eben nicht? Oder sind Stärken eventuell einfach nur die Tätigkeiten, die Menschen besonders oft geübt haben und deshalb heute überdurchschnittlich gut beherrschen?

Sicherlich gibt es angeborene Talente. Mit 2,15 m Körpergröße scheint eine Karriere als Basketballprofi sicherlich plausibler als mit 1,65 m. Aber kann man nicht auch mit 1,65 in der NBA spielen? Man kann, zumindest Earl Boykins ist dies gelungen. Er spielte von 1999 bis 2008 für verschiedene Teams der NBA. Offenbar hatte er trotz seiner geringen Körpergröße eine Stärke im Basketball. Um aus Talenten Stärken zu machen, braucht es diszipliniertes Training. Das Sprichwort „Es ist noch kein Meister vom Himmel gefallen" gilt trotz aller angeborener Talente.

In der Literatur findet man verschiedene Modelle zu Stärken. Nach dem Modell der Gallup Organisation können 34 Stärken unterschieden werden [1]. Diese Stärken sind: Analytisches Denken, Anpassungsfähigkeit, Arrangeur, Autorität, Bedeutsamkeit, Behutsamkeit, Bindungsfähigkeit, Disziplin, Einfühlungsvermögen, Einzelwahrnehmung, Entwicklung, Fokus, Gerechtigkeit, Harmoniestreben, Höchstleistung, Ideensammler, Integrationsstreben, Intellekt, Kommunikationsfähigkeit, Kontaktfreudigkeit, Kontext, Leistungsorientierung, Positive Einstellung, Selbstbewusstsein, Strategie, Tatkraft, Überzeugung, Verantwortungsgefühl, Verbundenheit, Vorstellungskraft, Wettbewerbsorientierung, Wiederherstellung, Wissbegierde, Zukunftsorientierung.

Erkennen Sie sich oder andere Personen in der Liste der Stärken wieder?

Stellen Sie sich vor, jemand hat die Stärke Harmoniestreben. Ist diese Neigung nun immer eine Stärke im Sinne einer zieldienlichen Eigenschaft? Nein, sicher nicht. In den Momenten im Leben, wo es auf Auseinandersetzung ankommt, z. B. bei einer Verhandlung, kann diese Stärke zur Herausforderung werden. Stärken sind also offenbar kontextabhängig. Jede Stärke kann kontextbezogen zur Schwäche werden. Außerordentliche Stärken sind oft auch außerordentliche Schwächen und somit in diesem Kontext noch nicht entwickelte Stärken.

Die nächste Abbildung zeigt Professor Cornelius, der begeistert von Lauras Strukturiertheit und präziser Planung ist. Als ihr Freund am Abend auf dem Sofa mit dieser Strukturiertheit konfrontiert wird, hält sich dessen Begeisterung jedoch in Grenzen. Ihr Freund reagiert auf die gleiche Eigenschaft ablehnend.

Strukturiertheit:

„Toll, wie strukturiert Sie sind“, sagt Professor Cornelius und ist mal wieder begeistert von Lauras Strukturiertheit.

„Nicht schon wieder“, stöhnt Lauras Freund, als diese das gemeinsame Wochenende exakt durchplanen möchte.

Stärken sind nicht in jedem Kontext Stärken

Kennen Sie Personen, die in der Lage sind, Harmonie um sich zu verbreiten? Oftmals fällt es diesen Personen schwer, sich mit Dissens auseinanderzusetzen. Dies ist ein Beispiel für Stärke und Schwäche. Schwächen sind oft Dinge, für die Menschen sich in bestimmten Situationen abwerten, weil sie nicht zieldienlich sind.

Setzen Sie die eigenen Stärken kontextflexibel ein

Man könnte nun auf die Idee kommen, seine Schwächen auszumerzen. Ganz nach der Leitidee: Je weniger Schwächen jemand hat, umso stärker muss er sein. Dies ist aus unserer Sicht ein beliebter Irrtum. Es geht vielmehr darum, die eigenen Stärken zu kennen und kontextflexibel einzusetzen. Je nach Situation kann die gleiche persönliche Eigenschaft Stärke oder Schwäche sein. Unterscheiden Sie Schwächen von nicht erlernten Fähigkeiten! Unterscheiden Sie Ihre Schwächen von Ihren schlechten Gewohnheiten. Welche nicht zieldienlichen Dinge haben Sie sich angewöhnt? Diese Dinge können Sie sich auch wieder abgewöhnen. Stärken sind nicht zwingend Dinge, die man gerne tut. Es gibt Personen, die können tolle Steuererklärungen ohne Fehler erstellen, haben aber nie Lust darauf.

10.3 Anwendung

Was sind Ihre schlechten, d. h. Ihrem aktuellen Ziel nicht dienlichen Gewohnheiten?

Was sind noch nicht erlernte Fähigkeiten, die Sie zur Erreichung Ihres aktuellen Ziels bräuchten?

Denken Sie darüber nach, was Ihre Stärken sind. Holen Sie sich Feedback darüber ein, welche Stärken andere Menschen bei Ihnen sehen. Fragen Sie in verschiedenen Bereichen Ihres Lebens wie bei der Familie, in der Freizeit und im Beruf.

Denken Sie darüber nach, was Ihre Schwächen sind. Holen Sie Feedback ein! Kooperieren Sie mit Menschen, die Stärken besitzen, die Sie ausbauen möchten.

Was können Sie tun, um Ihre Schwächen zu kompensieren, damit sie so wenig hinderlich wie möglich sind?

In welchen Situationen wirken sich Ihre Stärken limitierend aus?

Wie haben Sie Ihre Stärken erworben? Wie könnten Sie Ihre Stärken weiter ausbauen?

Welche Personen würden Sie in Ihren Stärken und Schwächen gut ergänzen? Mit wem wären Sie wechselseitig ein gutes Team?

Beschreiben Sie eine ideale Person mit all ihren Stärken.

10.4 Herausforderungen

- Die größte Herausforderung im Umgang mit Ihren eigenen Fähigkeiten, die Stärke oder Schwäche sein können, ist es, den Kontext zu erkennen, in dem Sie sich gerade befinden. Wenn Sie Ihre Top-3-Stärken kennen, z. B. indem Sie sich so viel Feedback holen, bis sich ein klares Bild ergibt, können Sie in schwierigen Situationen einfacher reflektieren, ob gerade eine Ihrer Stärken zur Schwäche wird.

- Legen Sie den Fokus auf die Fähigkeit, die in der zu bewerkstelligenden Situation eine Stärke sein könnte.

10.5 Das Wichtigste in Kürze

Erkennen Sie Ihre wichtigsten Stärken und in welchen Kontexten diese Stärken Schwächen sind.

Schlechte Gewohnheiten sind etwas anderes als Schwächen. Man kann sich Gewohnheiten abgewöhnen.

Sind Ihre Schwächen nichterlernte Fähigkeiten?

10.6 Reflexionsfragen

- ☐ Was fiel Ihnen schon immer leicht und gelingt Ihnen im Vergleich zu anderen Menschen mühelos? (Diese Dinge müssen Sie nicht mögen!)
- ☐ Welche Dinge können Sie außerordentlich gut, obwohl Sie sie ungern tun?
- ☐ Was ist Ihnen schon immer schwergefallen?
- ☐ Wie möchten Sie Ihre Stärken einsetzen?
- ☐ Wie stärken Sie Ihre Stärken?
- ☐ Was sind Ihre Schwächen?
- ☐ In welchen Kontexten begegnen Ihnen diese Schwächen?
- ☐ Feedback und Reflexion: Was lief schon immer gut im Verhältnis zu anderen?
- ☐ Womit verbringen Sie gerne Ihre Zeit und liefern ohne Widerstand gute Ergebnisse?
- ☐ Wie verhalten sich Ihre Schwächen zu Ihren Lebensprämissen? Förderlich oder hinderlich?

10.7 Literatur

[1] Marcus Buckingham, Donald O. Clifton: *Entdecken Sie Ihre Stärken jetzt!*, Campus Verlag, 2007

Literaturtipp

Tom Rath und Barry Conchie: *Führungsstärke. Was erfolgreiche Führungskräfte auszeichnet*, Redline Verlag, 2016

11. Kapitel: Lösungssuche – Vier Ansätze, wenn es mal klemmt

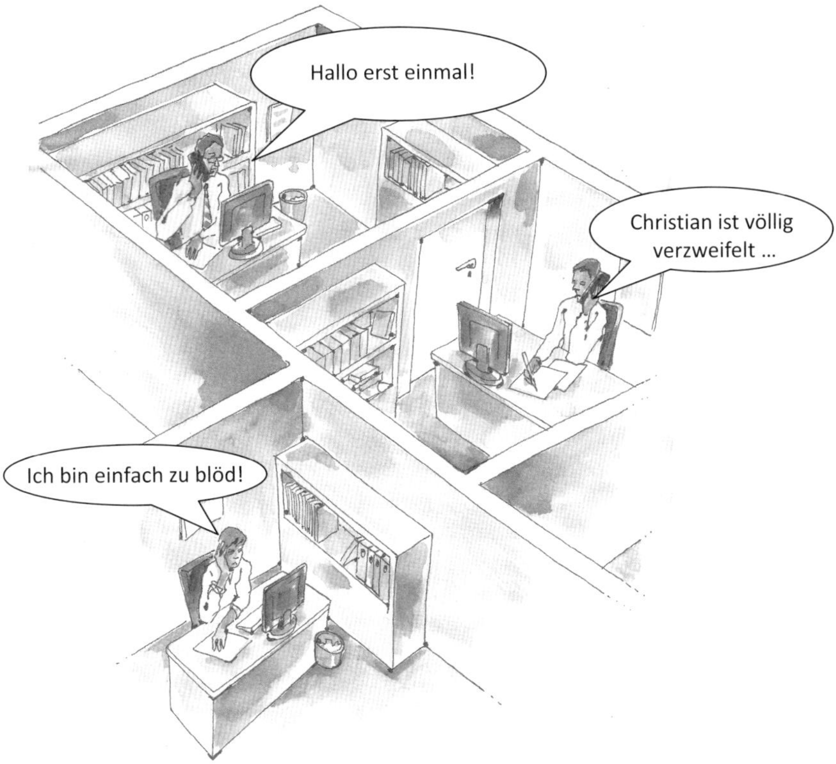

„Die Neugier steht immer an erster Stelle eines Problems, das gelöst werden will.“
Galileo Galilei

* * *

11.1 Auf's falsche Pferd gesetzt

„Wann haben Sie Zeit für uns, Professor Cornelius?“, fragte Laura am anderen Ende der Telefonleitung. Es schien wirklich höchste Eisenbahn zu sein, denn Laura vergaß sogar die Begrüßung.

„Hallo erst einmal!“, sagte Professor Cornelius mit einem etwas sarkastischen Unterton. „Ich freue mich auch, Sie zu hören! Wo brennt es denn?“

„Christian ist völlig verzweifelt!“, begann Laura und erzählte Cornelius aufgeregt, dass Christian, ein Promovend, absolut in Panik war. Sein Forschungsvorhaben ließ sich angeblich nicht finanzieren und nun überlegte er sogar, die gesamte Promotion zu schmeißen. Er traue sich aber nicht, Cornelius direkt anzusprechen. Daher rufe sie selber an.

„Na gut, wenn das so ist!“, antwortete Cornelius und seufzte. „Übermorgen um zehn Uhr im Lesesaal! Passt das?“

„Danke, Herr Professor! Wir sind pünktlich da!“

Zwei Tage später. Cornelius sah noch einmal auf die Uhr, als er vor der Tür des Leseraums stand. Es war genau zwei Minuten vor zehn. Pünktlich! Cornelius ging hinein und wurde bereits von Christian und Laura erwartet. Die beiden saßen am langen, schweren und wuchtigen Tisch, an dem zwölf Leute Platz hatten. Im Lesesaal des Instituts roch es nach altem Linoleum, Papier und Bücherstaub. Cornelius konnte die Anspannung seiner beiden Besucher und damit die Wichtigkeit des Termins fühlen und auch sehen. Christian, ein ziemlich klein gewachsener, kräftiger junger Mann, saß mit eingezogenen Schultern und gesenktem Kopf am Besprechungstisch. Er wirkte unsicher. Laura hingegen signalisierte eher Zuversicht und man sah ihr an, dass sie sich auch so fühlte. Cornelius begrüßte die beiden lächelnd mit Handschlag. Dann setzte er sich.

„Sie haben um diesen Termin gebeten“, begann Cornelius, setzte sich auf dem schweren, ebenfalls wuchtigen Holzstuhl bequem hin und lehnte sich zurück. „Um was geht es?“

„Christian hat eine ganze Menge Anträge für die Finanzierung seines Forschungsvorhabens verfasst“, begann Laura und nickte Christian zu.

Dieser fuhr gehorsam fort. Er spulte einen erkennbar gut vorbereiteten und in manchen Teilen auswendig gelernten Text ab. „Leider gibt es keine Firmen, die für die Bearbeitung des Themas Geld bezahlen. Vielleicht ist es zu grundlagenorientiert. Nach diesen fünf erfolglosen Anträgen befürchte ich, dass das Promotionsthema nicht finanzierbar ist. Was soll ich nun tun?“

Cornelius verstand das Problem natürlich auf Anhieb. Die beiden waren ja auch nicht die Einzigen, die sich damit herumzuschlagen hatten. Cornelius schaute Christian an, der sich in diesem Moment erleichtert zurücklehnte und die Arme übereinanderschlug. Endlich war es ausgesprochen! Seinem Blick, seiner Mimik und seiner gesamten Körperhaltung konnte man jedoch entnehmen, dass er sehr unter der Situation litt.

„Ja, das ist wirklich ein Dilemma!“, bestätigte dann auch Cornelius und schaute erst den gedemütigt wirkenden Doktoranden und dann Laura an. Dann schüttelte er leicht den Kopf. Ihm passte Christians Einstellung und Haltung in dieser Sache nicht. „Jetzt gibt der wieder die Verantwortung ab und schmollt nur“, dachte er sich. Dann stand Cornelius auf und stellte sich an ein Flipchart. „Welche Anträge waren das?“

Christian blätterte hastig die vor ihm auf dem Tisch liegenden Unterlagen durch und diktierte Cornelius am Flipchart die Titel und die dazugehörigen Geldgeber. Cornelius schrieb die Namen alle untereinander.

„Wie viel wurde jeweils beantragt?“, fragte Cornelius.

„50.000 Euro, 150.000 Euro, 200.000 Euro, 280.000 Euro und 20.000 Euro“, diktierte Christian weiter. Cornelius zog einen Summenstrich und zählte zusammen.

„Das wären nach Adam Riese also 700.000 Euro“, resümierte Cornelius. „Beantragt innerhalb eines Jahres.“

Cornelius steckte die Kappe auf den Filzschreiber und legte ihn in die Ablageschale des Flipcharts. Dann setzte er sich wieder. Die beiden Männer und Laura schauten auf das Flipchart.

„Was sollen wir da noch mehr machen?“, fragte Christian etwas überheblich. „Dabei hätten doch die 100.000 Euro für ein Jahr Forschung rausspringen müssen.“

Im Raum war es still. Cornelius sagte nichts und schaute die beiden nur fragend an. Christian erwiderte diesen Blick.

„Wie hoch war die Wahrscheinlichkeit, das Geld jeweils zu bekommen, als Sie die Anträge eingereicht haben?“ Cornelius stand auf, ging zu dem Flipchart und nahm den Filzstift zur Hand. „Wie sahen die Erfolgsquoten der verschiedenen Geldgeber aus?“ Im Raum wurde es wieder still.

„Was meinen Sie?“, fragte Christian schließlich zögernd.

„Wie ist die durchschnittliche Erfolgsquote bei den verschiedenen Forschungsgeldgebern?“
Christian dachte einen Moment nach. „Ach, jetzt versteh ich, was Sie meinen.“
„Bingo!“, sagte Cornelius lächelnd.
Christian diktierte wieder: „Fünf Prozent, zehn Prozent, zehn Prozent, zwei Prozent und zwanzig Prozent!“
Cornelius schrieb die Zahlen hinter die Projekte und bildete den Erwartungswert: 50.000 € x 5 % plus 150.000 € x 10 % plus 200.000 € x 10 % plus 280.000 € x 2 % plus 20.000 € x 20 %. Das waren summa summarum 47.100 €.
Cornelius machte mit dem Filzschreiber einen dicken Doppelstrich unter diese Summe. Er schaut Christian und Laura an, zeigt mit dem Finger auf die Summe und sagt: „47.000 Euro durften Sie erwarten. Das ist knapp die Hälfte von 100.000 Euro. Wie definieren Sie nun Ihr Problem?“
„Das Problem ist wahrscheinlich, dass ich keine Anträge schreiben kann“, sagte Christian frustriert und wirkte ziemlich gedemütigt.
„Nein! Ich glaube nicht, dass es an Ihnen liegt!“, meinte Cornelius energisch. „Es liegt vielmehr an der Auswahl der falschen Fördertöpfe, die Sie anzapfen wollen. Zum einen haben diejenigen, die Sie angeschrieben haben, generell zu geringe Förderquoten, und zum anderen ist unsere Arbeitsgruppe in diesen Töpfen eher unterdurchschnittlich erfolgreich.“
Cornelius schrieb Fördertöpfe mit erfahrungsgemäß höheren Erfolgsquoten ans Flipchart.
„Ja, aber die passen nicht so gut zu dem, was ich machen will!“, meinte Christian ratlos. „Ich will doch Grundlagenforschung machen und für die Töpfe, die Sie aufgeschrieben haben, braucht man angewandte Themen. Deshalb habe ich doch gerade die anderen gewählt. Habe ich wirklich aufs falsche Pferd gesetzt?“
„Was meinen Sie, Christian? Macht es Sinn, bei diesen Töpfen zu bleiben?“, fragte Cornelius.
Christian dachte einen Moment nach. „Nein, der Rechnung nach nicht. Das hieße ja, sich den Realitäten nicht zu stellen.“

***

11.2 Theorie

Es wird während Ihrer Promotion immer wieder vorkommen, dass Sie eine Aufgabe zu lösen haben, die Sie partout nicht in den Griff bekommen. Dann hilft nur eine Lösungssuche. Solche Situationen können sehr frustrierend sein. Das ist die eine Perspektive. Andererseits sind solche Situationen, in denen Sie sich schwertun, Chancen für Ihr persönliches Wachstum. Denn Sie stehen dann vor der Wahl, an einer Aufgabe zu wachsen oder eben nicht. Entscheiden Sie!

Vier Fragen bringen Sie der Lösung näher

Für den Fall, dass Sie sich entscheiden, an der Aufgabe zu wachsen und sich der Aufgabe zu stellen, empfehlen wir Ihnen, über vier verschiedene Fragen [1] nachzudenken. Diese vier Fragen werden Sie in der Regel der Lösung ein Stück näherbringen.

1. Ist das Ziel wirklich *Ihr* Ziel?
Diese Frage zielt auf Ihre Bedürfnisse ab und darauf, welche dieser Bedürfnisse durch die Aufgabe adressiert werden. Verstößt die Aufgabe gegen Ihre Lebensprämissen? Klären Sie dies für sich. Setzen Sie Zwischenziele, falls Ihnen das Ziel zu unscharf erscheint.

2. Wie hoch ist Ihr Selbstvertrauen, die Aufgabe lösen zu können?
Wie hoch ist die Wahrscheinlichkeit, dass Sie die Aufgabe erledigen können? Wie sicher sind Sie sich Ihrer Fähigkeiten? Wie sehr glauben Sie auf einer Skala von 1-10 daran, dass Sie Ihre Ziele und Zwischenziele erreichen werden?

3. Wissen Sie von der Theorie her, wie die Aufgabe zu lösen ist?
Kennen Sie die zugrundeliegenden Gesetzmäßigkeiten? Diese Frage zielt auf die Kenntnisse, die man zur Erledigung der Aufgabe braucht. Wer ein bestimmtes Fach studiert hat, hat in der Regel ein hohes Wissen. Dies heißt nicht, dass er in der Anwendung auch die Erfahrung dazu hat.

4. Haben Sie Erfahrung mit der Aufgabe, die es zu lösen gilt?
Diese Frage zielt auf die Routine, die Sie in der Bearbeitung der Aufgabe haben. Erfahrung erleichtert das Lösen von Aufgaben. Wirklich souveräne „Könner" haben in der Regel viel geübt.

In der Regel werden Lösungen für Schwierigkeiten bei Frage 3 und 4 gesucht. Deshalb starten Sie mit den Fragen 1 und 2.

Ziel / Zielidentifikation

Selbstvertrauen

Wissen

Erfahrung

Lösungssuche

Wo war nun der Haken in der Einstiegs-Geschichte? Christians „Ziel“ war die Einwerbung von Forschungsgeldern für sein Promotionsthema. Dieses Ziel trug Christian im Herzen. Er wollte Geld für sein Herzensthema einwerben. Er war beim Antragstellen „unsicher“ und versuchte es nach jeder Ablehnung mit einem anderen Topf, sodass er auch keine „Erfahrung“ aufbauen konnte. Er hatte nicht das nötige „Wissen“ über die Erfolgsquoten der Töpfe. Welche der vier Fragen wären hier die wertvollsten gewesen? Genau! Fragen zu Erfahrung und Wissen.

Christians Selbstvertrauen litt mit jedem abgelehnten Antrag und schmolz dahin wie ein Würfelzucker im heißen Kaffee. Selbstvertrauen ist übrigens kontextabhängig. Menschen können in einem Bereich, z. B. beim Publizieren, vor Selbstvertrauen strotzen und beim einem anderen Thema, z. B. bei ihrer Fremdsprachenkompetenz, an einem Mangel an Selbstvertrauen leiden.

Was hätten andere, z. B. Christians Abteilungsleiterin Laura, tun können, um der Situation vorzubeugen? Laura hätte durch die Fragen prüfen können, ob der Doktorand Christian für die Aufgabe gerüstet ist. Christian hätte sich diese Frage jedoch auch selber stellen können und dort, wo er unsicher war, ein Feedback bei seiner Vorgesetzten oder bei älteren Kollegen einfordern können.

Ein Ziel ist wirklich Ihr Ziel, wenn es zu Ihren Lebensprämissen passt

Selbstvertrauen wächst über die Erfahrung, in einer spezifischen Situation erfolgreich gewesen zu sein. Ob man ein Ziel im Herzen trägt, kann man feststellen, indem man sich fragt, wie die Tätigkeit in Bezug zu den eigenen Lebensprämissen steht.

Gefühlsbilanz

Sigmund Freud (1856-1939) hat umfangreich zum Thema des sogenannten „Unbewussten“ gearbeitet. Seine Hypothese war, dass es Gehirnaktivitäten gibt, die dem Bewusstsein nicht zugänglich sind. Erst viele Jahre später, mit Einführung der Computertomographie, für die Sir Godfrey Hounsfield und Alan Cormack 1979 den Nobelpreis erhielten, konnten Gehirnaktivitäten bei Menschen gemessen und die Hypothese des Unbewussten wissenschaftlich belegt werden.

Das Unbewusste spielt nun bei unseren Entscheidungen und Bewertungen eine massive Rolle. Nach Krause und Storch [2] erzeugt das Unbewusste diffuse Gefühle, die als Signale des Unbewussten aufgefasst werden können. Diese diffusen Gefühle werden „somatische Marker" genannt (diese Bezeichnung wurde von Damasio eingeführt). In unserem Unbewussten sind umfassende Lebenserfahrungen vorhanden. Durch die gemachte Erfahrung mit Situationen und deren Folgen können nun blitzschnell erfahrungsbasierte Bewertungen erzeugt werden, die sich in positiven oder negativen Gefühlen ausdrücken.

Um zu prüfen, wie die eigene Gefühlsbilanz bezüglich einer Aussage oder Situation ist, schlagen Krause und Storch vor, einerseits den negativen Affekt (-), d. h. das negative Gefühl, und andererseits den positiven Affekt (+), d. h. das positive Gefühl, bezüglich derselben Aussage oder Situation auf einer Skala einzuschätzen (siehe Abbildung).

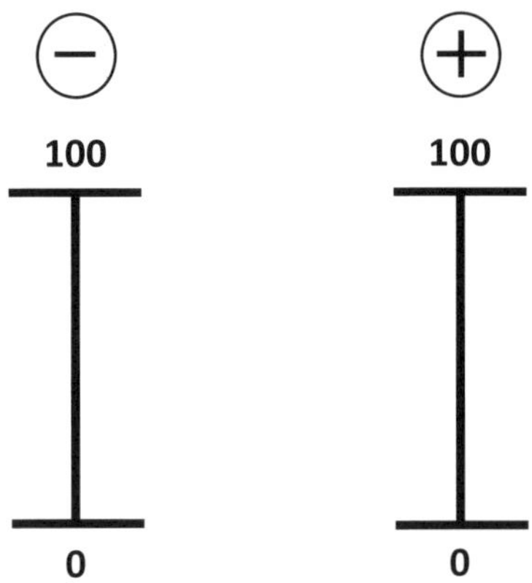

Skala „negativer und positiver Affekt"

Da positive und negative Gefühle in verschiedenen Gehirnarealen erzeugt werden, werden auch getrennte Skalen für den positiven und den negativen Affekt genutzt. Es ist daher möglich, dass sowohl der negative als auch der positive Affekt 0 sind oder auch 100. Es gilt nicht etwa die Regel: „Positiver Affekt plus negativer Affekt gleich 100" im Sinne von: „Je mehr negativer Affekt, umso weniger positiver Affekt!"

Möchten Sie nun konkret feststellen, ob eine Lösungsidee von Ihrem Unbewussten als positiv oder negativ bewertet wird, so können Sie eine Aussage wie: „Ich fahre im Urlaub wieder nach Südtirol wie jedes Jahr" auf der Skala bewerten. Heraus kommt z. B. ein Bild wie das folgende:

„Ich fahre im Urlaub wieder nach Südtirol wie jedes Jahr."

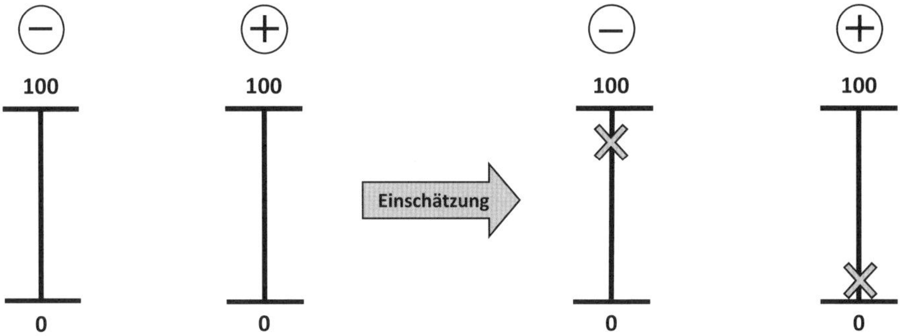

Skala „Gefühlsbilanz zum Urlaub in Südtirol"

Je geringer der negative Affekt und je höher der positive Affekt, umso sicherer ist Ihr Unbewusstes, dass Südtirol eine gute Entscheidung ist. Im obigen Fall sollten Sie über Südtirol besser noch einmal nachdenken, da der negative Affekt sehr hoch und der positive Affekt niedrig ist. Statt 100 und 0 könnte man übrigens auch 1000 und 0 wählen. Die Einteilung der Skalen ist nicht wichtig; es handelt sich explizit nicht um Prozentskalen! Es geht um eine Einschätzung der Gefühle. Intellektuelles Nachdenken über die Bewertung macht das Konzept zunichte!

Über je eine Gefühlsbilanz für die vier oben besprochenen Fragen können Sie feststellen, wo es hakt. Und dann an den richtigen Stellen Lösungen suchen. Auch in vielen anderen Situationen sind Gefühlsbilanzen hilfreich. Zum Beispiel bei Entscheidungen während der Promotion für oder gegen etwas.

Kollegiale Fallberatung

In schwierigen Fällen, die Sie alleine für sich nicht klären können, bietet sich die kollegiale Fallberatung an. Weitere Ideen liefert Ralf D. Brinkmann in seinem Buch *Intervision* [3]. Dabei suchen Sie sich mehrere Kollegen, von denen Sie denken, sie könnten gemeinsam eine gute Lösung entwickeln. Interessanterweise sind das oftmals Menschen, die Ihnen nicht ähneln.

Gehen Sie dann folgendermaßen vor:

- Setzen Sie sich mit den Kollegen in einem Stuhlkreis zusammen.
- Erklären Sie Ihren Kollegen, welches Problem Sie haben, d. h., wie Ihre aktuelle Situation ist.
- Fragen Sie, ob es Rückfragen zum Verständnis gibt.
- Beantworten Sie die Rückfragen, soweit sie sich auf das Verständnis des Sachverhalts beziehen.
- Verlassen Sie nun den Stuhlkreis. Positionieren Sie sich so, dass Sie die Kollegen nicht sehen können. Setzen oder stellen Sie sich z. B. mit dem Gesicht zur Wand.
- Bitten Sie die Kollegen, ohne Sie eine Lösung für Ihr Problem zu diskutieren. Der Sinn bei diesem Schritt ist es, bei der Lösungssuche zuzuhören, um neue Ideen zu bekommen und die Sichtweisen anderer Personen kennenzulernen.
- Im Kreis wird eine Person bestimmt, die das Ergebnis der Gruppe zusammenfasst.
- Kehren Sie in den Kreis zurück und lassen Sie sich die Lösung erklären.
- Überlegen Sie, was Sie mit der Lösung anfangen können.

11.3 Anwendung

Ist das Ziel wirklich *Ihr* Ziel? Diese Frage zielt auf Ihre Bedürfnisse und welche dieser Bedürfnisse durch die Aufgabe adressiert werden. Verstößt die Aufgabe gegen Ihre Lebensprämissen? Klären Sie dies für sich:

Wie steht das Ziel, dem die Aufgabe dient, zu Ihren Lebensprämissen? Schreiben Sie Ihre wichtigsten Lebensprämissen auf und notieren Sie, durch welche Lebensprämissen Sie positiv und negativ berührt werden. Was ist nicht stimmig zu Ihrem Ziel?

Dort, wo Ihre wichtigen Lebensprämissen in negativer Weise berührt werden: Aus welchem Blickwinkel sähe die Situation anders aus? Finden Sie einen Blickwinkel, aus dem die Situation mit Ihren Lebensprämissen vereinbar ist? Beschreiben Sie den Blickwinkel und Ihre Sicht.

Wie könnten Sie Ihr Ziel in Teilziele gliedern? Schreiben Sie diese Teilziele präzise und mit Datum der geplanten Erreichung nieder.

Wählen Sie Ihre 5 wichtigsten Lebensprämissen aus (siehe Kapitel 1.3).

Wie sicher sind Sie, die anstehende Aufgabe meistern zu können? 0 = Ich kann es nicht, 100 = Kein Problem. Dies ist das Maß Ihres Selbstvertrauens.

Haben Sie Erfahrung mit der Aufgabe, die es zu lösen gilt? Diese Frage zielt auf die Routine, die Sie in der Bearbeitung der Aufgabe haben. Erfahrung erleichtert das Lösen von Aufgaben. Wirklich souveräne „Könner" haben in der Regel viel geübt. Wer könnte Ihnen helfen?

Überlegen Sie sich, welches Wissen Sie für die anstehende Aufgabe brauchen, oder fragen Sie erfahrene Kollegen. Prüfen Sie dann, welche Teile dieses Wissens Sie abdecken können.

Wissen Sie von der Theorie her, wie die Aufgabe zu lösen ist? Kennen Sie die zugrundeliegenden Gesetzmäßigkeiten? Diese Frage zielt auf die Kenntnisse, die Sie zur Erledigung der Aufgabe brauchen. Wer ein bestimmtes Fach studiert hat, hat in der Regel ein hohes Wissen. Dies heißt nicht, dass er in der Anwendung auch die Erfahrung dazu hat.

11.4 Herausforderungen

- ☐ Die Herausforderung besteht darin, die Situation zu erkennen, in der Ihnen dieses Kapitel hilft. Oftmals suchen wir Lösungen im Außen: „Wenn der Kollege nicht ... Wenn der Professor nicht ... Wenn der Gutachter den Antrag verstanden hätte, dann gäbe es das Problem der Forschungsfinanzierung nicht ...“

- ☐ Bleiben Sie an der Lösung Ihrer Aufgaben dran (siehe auch Kapitel 7, Konzentration).

- ☐ Sie werden nicht bei allem, was Sie während Ihrer Promotion tun, immer nur Ihren Lebensprämissen folgen können. Es gibt auch Pflichtaufgaben, die einfach dazugehören.

11.5 Das Wichtigste in Kürze

Es wird während Ihrer Promotion immer wieder vorkommen, dass Sie eine Aufgabe zu lösen haben, die Sie partout nicht in den Griff bekommen. Fragen Sie sich dann:

- Ist das Ziel wirklich mein Ziel? Kenne ich die Teilziele? (Zielidentifikation)
- Glaube ich die Aufgabe lösen zu können? (Selbstvertrauen)
- Weiß ich von der Theorie her, wie die Aufgabe zu lösen ist? (Wissen)
- Habe ich Erfahrung mit der Aufgabe, die es zu lösen gilt? (Erfahrung)

11.6 Reflexionsfragen

- ☐ Was konnten Sie in Bezug auf die Promotion schon immer gut?

- ☐ Was, denken Sie, werden Sie nur schwer lernen?

- ☐ Welche wünschenswerten Ziele könnten Sie erreichen, wenn Sie das, von dem Sie denken, Sie würden es nur schwer lernen, doch lernen würden?

- ☐ Woran könnten Sie im Alltag merken, dass es Zeit wird, dieses Kapitel zu nutzen?
- ☐ Was ist Ihnen am wichtigsten: die Klarheit des Ziels, die Sicherheit, das Ziel zu erreichen, oder das Wissen und die Erfahrung bezüglich der Zielerreichung? Wo würden Sie gerne wachsen: bei Wissen, Erfahrung, Zielidentifikation oder Selbstvertrauen?
- ☐ Was würden andere Personen aus anderen Perspektiven Ihnen zur Lösung des Problems raten?
- ☐ Wer könnte Ihnen helfen?
- ☐ Was sind Ihre Stärken?
- ☐ In welchen Situationen tut Ihnen Lob gut?
- ☐ Wie klar sehen Sie das Ergebnis Ihres Vorhabens vor sich, eingeschätzt auf einer Skala von 0 und 100?
- ☐ Wie präzise sehen Sie die Zwischenziele? Wie viele sind es?
- ☐ Wie genau können Sie Ihre Ergebnisse messen, eingeschätzt auf einer Skala von 0 bis 100?
- ☐ Wie genau sehen Sie das Zeitfenster zur Bewältigung der Aufgabe?
- ☐ Wie sehr identifizieren Sie sich mit Ihrem Ziel?
- ☐ Führen Sie eine Gefühlsbilanz bezüglich des Ziels bzw. des angestrebten Ergebnisses durch.
- ☐ Wie sicher sind Sie sich, dass Sie das Ziel erreichen?
- ☐ Welche Erfolgserlebnisse würden Ihnen helfen, das Ziel zu erreichen?
- ☐ Haben Sie in der Vergangenheit Ähnliches erlebt und dann erfolgreich bewältigt?

- ☐ Haben Sie im Zusammenhang mit der Aufgabe, vor der Sie stehen, Ängste?
- ☐ Wenn Sie an die nächsten Schritte denken, wie erhöht sich Ihr „Stresslevel"?
- ☐ Welche Stärken helfen Ihnen, an Ihrem Ziel festzuhalten?
- ☐ Welches Wissen könnte Ihnen helfen, das Ziel zu erreichen?
- ☐ Wissen Sie, wo Sie dieses Wissen erwerben können?
- ☐ Kennen Sie eine Person, ein Buch, eine Fortbildung, die Ihnen nötiges Wissen auf dem Weg zum Ziel vermitteln kann?
- ☐ Wenn Sie dieses Wissen hätten, welche Auswirkungen hätte das auf das Erreichen Ihres Ziels?
- ☐ Wie hoch schätzen Sie Ihren Erfahrungswert in Bezug auf dieses Vorhaben ein?
- ☐ Welche zusätzliche Erfahrung könnte Ihnen helfen, das Ziel zu erreichen?
- ☐ Von wessen Erfahrung könnten Sie profitieren?
- ☐ Welche Auswirkung hätte diese Erfahrung auf Ihre Zielerreichung?
- ☐ Wer hat ähnliche Aufgaben bereits erfolgreich gelöst?

11.7 Literatur

[1] Boris Grundl: *Leading Simple – Praxishandbuch: Führen kann so einfach sein*, GABAL, 2007

[2] Frank Krause, Maja Storch: *Ressourcen aktivieren mit dem Unbewussten, Manual für die Arbeit mit der ZRM-Bildkartei*, Verlag Hans Huber, 2010

[3] Ralf D. Brinkmann: *Intervision. Ein Trainings- und Methodenbuch für die kollegiale Beratung*, I. H. Sauer-Verlag, 2002

Literaturtipps

António R. Damásio: *Descartes' Irrtum – Fühlen, Denken und das menschliche Gehirn.* List, 1994

Rolf Merkle: *So gewinnen Sie mehr Selbstvertrauen*, PAL Verlagsgesellschaft, 2016

Stephen M. R. Covey, Rebecca R. Merrill: *Schnelligkeit durch Vertrauen: Die unterschätzte ökonomische Macht*, GABAL, 2009

12. Kapitel
Entscheidungen treffen – 1, 2 oder 3, letzte Chance, vorbei!

„Jede Entscheidung ist Verneinung."
Baruch de Spinoza

* * *

12.1 DESY ist keine Comicfigur

„Was haben die denn genommen?", fragte sich Laura überrascht, als sie in das Büro von Professor Cornelius kam. Da stand ihr Chef mit ihrem Kollegen Leon am Schreibtisch, beide mit Sektgläsern in der Hand, und beide mehr als ausgelassen und strahlend wie Honigkuchenpferde. „Hab ich was verpasst? Ist denn heute schon Weihnachten?", dachte sich Laura belustigt. Irgendetwas musste los sein, so gut drauf wie die waren.

„Laura! Da sind Sie ja! Kommen Sie rein!", rief Professor Cornelius fröhlich und winkte Laura ins Büro. Sie versuchte fieberhaft, sich zu erinnern, was Anlass für diese Feier sein könnte, hatte aber keinen blassen Schimmer.

„Wir haben die Messzeit am DESY bekommen!", platzte Post-Doc Leon dann auch schon heraus. Der große, schlaksige junge Mann mit dem zerzaust wirkenden dunklen Haar und der runden Nickelbrille auf der Nase strahlte über das ganze runde Gesicht. So, nun kannte Laura also das Geheimnis der guten Laune. Richtig etwas damit anfangen konnte sie allerdings noch immer nicht. Da fehlte ihr der Background. „Daisy", war das nicht die Freundin von Donald Duck? Professor Cornelius übernahm es höchstpersönlich, die junge Doktorandin aufzuklären.

„Nun machen Sie nicht so ein verdutztes Gesicht, ich erklär's Ihnen!", sagte Cornelius und übergab Laura ebenfalls ein gefülltes Sektglas. Dann schilderte er ihr in allen Einzelheiten den Grund für die Hochstimmung: Vor knapp vier Monaten hatte Post-Doc Leon einen Antrag für eine Woche Messzeit am Elektronenbeschleuniger DESY in Hamburg gestellt. Heute Vormittag war dann die Mitteilung eingetrudelt, sie hätten den Zuschlag der Expertenkommission erhalten. Die Arbeitsgruppe von Professor Cornelius war die einzige Gruppe aus Deutschland, die in diesem Jahr einen Zuschlag für Messzeit erhalten hatte. Ein echter Ritterschlag! „Deshalb habe ich Sie und Leon auch gleich zu mir gebeten."

Nun war Laura im Bilde und verstand, warum die beiden so gut drauf waren. Ein wichtiger Erfolg. Für ihren Kollegen Leon ebenso wie für das gesamte Institut. Cornelius faltete den Brief mit der Erfolgsnachricht zu einem Papierflieger und warf ihn übermütig durch die offene Tür zu seiner

Sekretärin auf den Schreibtisch. „Legen Sie den bitte in der Akte ‚Champions League' ab, Frau Stresemann!", rief er ausgelassen in Richtung Vorzimmer.

„Was soll ich?", fragte die Sekretärin verwundert zurück. Cornelius lachte laut. „Der freut sich ja wie ein kleines Kind an Weihnachten", dachte Laura und schmunzelte. Diese bislang unbekannte Art ihres Chefs war ihr sehr sympathisch.

„Frau Stresemann, haben wir noch Sekt da?", rief Cornelius und sah wehmütig in sein leeres Glas.

„Sekt leider nicht, aber zwei Flaschen Prosecco wären verfügbar!"

„Gut, dann bringen Sie den Prosecco!", ordnete Cornelius an. Ein paar Minuten später kam Frau Stresemann mit einer grünen Flasche herein.

„Holen Sie sich doch bitte auch ein Glas, Frau Stresemann!"

Die Sekretärin arbeitete schon eine halbe Ewigkeit hier am Institut im Vorzimmer von Professor Cornelius. Obwohl sie ihn und alle ihn betreffenden Vorgänge doch gut kennen musste, schien auch sie nicht ganz zu verstehen, warum ihr Chef so aus dem Häuschen war. Das zumindest verriet ihr Gesichtsausdruck. Nachdem die ältere und sehr gepflegte Dame ihr Glas geholt und der Professor allen eingeschenkt hatte, stießen sie miteinander an.

„Darf ich nach dem Grund Ihrer guten Laune fragen, Herr Professor?", fragte Frau Stresemann vorsichtig. „Haben Sie vielleicht im Lotto gewonnen?" Laura grinste. Ähnliches hatte sie anfangs ja auch gedacht.

„Nicht ganz, liebe Frau Stresemann", antwortete der gut gelaunte Professor. „Nicht ganz, aber um eine Menge Geld geht es wirklich! Wir haben Messzeit am Elektronensynchrotron gewonnen. Nun können wir endlich Untersuchungen machen, die uns seit Jahren fehlen. Eine Messwoche dort ist besser als ein Lottogewinn und kostet ca. eine halbe Million Euro!"

Während die vier die Flasche Prosecco leerten, erzählte Professor Cornelius ausführlicher von dem erfolgreichen Zuschlag und welch positive Auswirkungen er für das Institut haben würde. Laura hörte aufmerksam zu. Das war ja wirklich eine ganz tolle Sache, und doch wusste sie noch immer nicht genau, was das alles mit ihr zu tun hatte.

„Und warum haben Sie mich hergebeten?", traute sie sich schließlich zu fragen.

„Weil Sie die Messungen in Hamburg leiten werden!", antwortete Professor Cornelius und prostete ihr zu. „Sie trinken gerade darauf, in die Champions League der Materialanalyse aufgestiegen zu sein. Das wird Ihre Dissertation beflügeln, weil Sie Messungen durchführen können, die nur dort möglich sind."

Als Laura das gehört hatte, war sie erst einmal perplex. Vor allem, weil Cornelius das in einem Ton der Selbstverständlichkeit erklärt hatte, als ob es das Normalste auf der Welt wäre.

„Oh, vielen Dank“, war dann auch alles, was ihr gerade einfiel. Dann fragte sie vorsichtig nach: „Und diese Messungen sind wirklich eine halbe Million Euro wert?“ So eine Summe war schließlich kein Pappenstiel und würde wohl jeden ehrfürchtig werden lassen.

„Ja, so teuer ist das!“, antwortete ihr Professor und seufzte wohlig. Dann erklärte er weiter: „Wenn man die Investitionen in so einen Teilchenbeschleuniger und die entsprechende Abschreibung berücksichtigt, eher noch teurer. Deshalb müssen wir auch über unsere Messungen einen Bericht verfassen. Nur wenn wir keine Fehler machen, bekommen wir in Zukunft wieder eine solche Messwoche!“

Der letzte Satz hatte gesessen. Cornelius war sich der ungeheuren Verantwortung bewusst, die dieser Zuschlag mit sich brachte. Das spürten alle Anwesenden. Für einen kurzen Moment herrschte Stille im Büro des Chefs.

„Vergessen Sie Ihren Termin nicht!“, brach Frau Stresemann dann das Schweigen.

„Ach du liebe Zeit, das hätte ich doch fast verschwitzt!“, schreckte Cornelius auf und packte hastig seine Utensilien zusammen. Dann eilte er auch schon aus der Tür. Dabei rief er Laura noch zu: „Machen Sie mal einen Vorschlag für einen konkreten Versuchsplan, dem Antrag entsprechend, und vereinbaren Sie einen Termin mit Leon.“

„Der kann mir doch nicht tatsächlich diese Sache hier übertragen“, dachte sich Laura. Doch genau das hatte ihr Chef deutlich angeordnet. Fragend schaute Laura Leon an. Der zuckte nur mit den Schultern und machte einen Gesichtsausdruck, als wollte er sagen: „Du hast den Alten ja gehört!“

Am Abend dieses Tages saß Laura mit ihrem Freund Benjamin auf dem Balkon. Die Dunkelheit brach gerade herein, und unten im Stadtpark ging die Beleuchtung an. Ein beruhigender Anblick. Einige Leute gingen noch spazieren, Paare Hand in Hand, Menschen mit ihren Hunden, und auch ein paar Jogger und Nordic Walker waren zu erkennen. Laura und Benjamin hatten je ein Bier in der Hand, das sie zwanglos aus der Flasche genossen.

„Cornelius ist wirklich verrückt!“, sagte Laura, nachdem sie einen Schluck genommen hatte. „Der kann mir doch nicht ernsthaft auftragen, den Plan für eine Versuchswoche festzulegen, die eine halbe Million Euro wert ist.“

„Why not?“, meinte Benjamin achselzuckend und nippte an seinem Bier. Laura sah ihn an und erwiderte: „Weil ich das vielleicht nicht kann?“

„Da ist dein Prof wohl anderer Meinung!“

Laura schüttelte den Kopf. „Wenn ich da einen Fehler mache, fällt das auf ihn zurück. So wie er sich heute gefreut hat, reißt er mir den Kopf ab, wenn da etwas schiefläuft. Wenn ich nur an die Messwoche denke, dreht sich mir der Magen um“, sagte sie zu Benjamin.

„Das schaffst du schon, du hast schon ganz andere Dinge gemeistert!“, sagte dieser im Brustton der Überzeugung. Er klopfte seiner Freundin dabei aufmunternd auf die Schulter. Man brauchte nicht viel Einfühlungsvermögen, um zu erkennen, dass Laura sehr unsicher war und einen gehörigen Respekt vor dieser Aufgabe hatte. Aber alles Zureden brachte nichts.

In den nächsten Tagen ging Laura ihrem Kollegen Leon aus dem Weg. Und das tat sie auch die folgenden drei Wochen. Sie verstrickte sich immer weiter völlig in ihre Versuchsplanung und konnte sich im Für und Wider der verschiedenen Möglichkeiten letztlich nicht zu einem Plan durchringen. Selbst nachdem sie den Antrag auf Messzeit mehrfach gelesen hatte, war es nicht besser geworden. In ihren Augen war der Antrag mehr als visionär. Wie sollte sie das nur umsetzen? Mit jedem Tag des Zuwartens fühlte sich Laura unfähiger und schuldiger.

An einem Vormittag saß Laura in ihrem Zimmer am Institut und brütete über Unterlagen. Da kam ihr Kollege Leon zur Tür herein. Laura bemerkte ihn nicht und so klopfte der Kollege obligatorisch an den Türrahmen. Laura schreckte auf. „Leon?“

„Es sind jetzt drei Wochen vergangen“, begann Leon. „Wie sieht es denn mit dem Versuchsplan aus?“

Laura legte ihren Stift zur Seite und sah Leon gequält an. „Du, ich kann das nicht!“, seufzte sie.

„Was kannst du nicht?“

„Ich kann das unmöglich entscheiden! Das Risiko, dass was schiefgeht, ist einfach zu groß!“

Leon schloss die Tür hinter sich und setzte sich. „Was würde passieren, wenn du einen falschen Versuchsplan aufstellst?“, fragte er seine Kollegin. Laura zuckte mit den Schultern. „Die Versuche würden scheitern und das würde auf Kosten des Renommees von Professor Cornelius gehen. Er würde künftig nicht wieder dort messen dürfen. In der Folge wäre er wahrscheinlich so entsetzt davon, dass ich Dinge, die er von mir erwartet, nicht liefern kann, dass er wahrscheinlich auch meine Dissertation nicht mehr betreuen würde“, sagte sie und schluckte.

„Du hast Angst, dass du es nicht packst. Stimmt's?“

„Ja, verdammte Angst!“, erwiderte Laura ehrlich.

„Das kann ich gut nachvollziehen! Ginge mir genauso."

„Pah, das glaub ich nicht."

„Doch, echt!", meinte Leon und lehnte sich zurück. Dann erzählte er seiner Kollegin von einem Spruch, den sein alter Doktorvater immer zu sagen pflegte: „Ich finde es gut, dass Sie sich so quälen, aber Sie müssen irgendwann schießen. Dabei stehe ich hinter Ihnen! Forschung ist manchmal wie ein Elfmeterschießen im WM-Finale. Sie stehen als Teil der deutschen Auswahl alleine vor dem Tor am Elfmeterpunkt, und einige Millionen Zuschauer sehen zu, essen Chips, trinken Bier und könnten besser schießen, wenn sie nicht gerade so beschäftigt wären."

Laura schaute Leon unsicher an, sagte aber nichts.

„Verstehst du, was ich damit sagen will?", fragte Leon. „Du stehst nicht allein da! Im Gegensatz zum Elfmeterschießen bei einer WM werde ich deinen Versuchsplan noch einmal prüfen, bevor er zu Cornelius geht. Außerdem sind wir ein Team! Wie die Nationalelf. Vorbereiten können wir zusammen, aber schießen musst du dann selbst!"

***

12.2 Theorie

Während der Promotion gilt es, vielfältige Entscheidungen zu treffen. Schon vor Beginn der Promotion geht es los: Bei wem will ich promovieren? Nach welchem Promotionsmodell (extern, intern, Teilzeit, ...)? An welchem Ort? Dieses Kapitel soll Sie bei der Entscheidungsfindung unterstützen.

Nutzen Sie Vernunft und Emotion

Wie entscheiden vernünftige Entscheider? Rational, ist doch klar! ... Oder? Neben der Ratio gibt es noch Emotionen, die beim Entscheiden eine wichtige Rolle spielen. Sie können also fragen: „Wie soll ich entscheiden? Rational oder emotional?" An dieser Stelle raten wir aus Erfahrung: Nutzen Sie Vernunft *und* Emotion, entscheiden Sie also mit „Kopf" *und* „Bauch".

Rationales Entscheiden

Klassische Entscheidungsprobleme haben folgende Komponenten: „Optionen“, „Ereignisse“, „Konsequenzen“, „Ziele“ und „Gründe“.

- **Optionen** werden, sobald mindesten zwei davon verfügbar sind, auch als „Alternativen“ bezeichnet. Es sind also die Handlungsalternativen des Entscheiders.
- Als **Ereignisse** bezeichnet man die Randbedingungen einer Entscheidung, auf die kein Einfluss des Entscheiders besteht.
- **Konsequenzen** sind die Folgen der Entscheidung.
- In der Regel sollen Entscheidungen **zieldienlich** sein, d. h. auf die Erreichung der Ziele hin ausgerichtet.
- Und letztlich gibt es für jede Entscheidung **Gründe**, diese eine Entscheidung zu treffen.

Zerlegen Sie ein Entscheidungsproblem in die einzelnen Komponenten

Ein Beispiel: Ein Doktorand wird gefragt: „Kommst du Anfang April mit auf die Skitour, wie jedes Jahr? Wir fahren wie immer von Anfang bis Mitte April. Wir müssen das Quartier übrigens morgen schon buchen“, fügt der Fragende hinzu, „sonst ist die schöne Skihütte eventuell nicht mehr verfügbar.“ Zum Zeitpunkt des Gesprächs weiß der Doktorand, dass sein Betreuer die Arbeit bis Mitte April, dem Ende des Skiurlaubs, zur Korrektur annehmen würde. Danach könnte er sie erst wieder im Oktober einreichen. Es ist unsicher, ob er bis vor dem Skiurlaub fertig sein wird, da er für die letzte Messung ein Gerät benötigt, das defekt ist und vielleicht nicht früh genug repariert wird. Bis zum Ende des Skiurlaubs schafft er es jedoch sicher. Der Doktorand möchte möglichst schnell promovieren, um schnell ins Berufsleben einzusteigen und Geld zu verdienen.

In diesem Falle kann man die Komponenten folgendermaßen zuordnen:

Optionen (Alternativen):
a) mitfahren und Dissertation vorher fertig schreiben, indem auf ein Ersatzgerät ausgewichen wird
b) mitfahren und Dissertation im Oktober abgeben
c) nicht mitfahren und bis Mitte April sicher abgeben

Ereignisse:
a) Gerät früh genug repariert, um Dissertation vor dem Urlaub abzugeben
b) Gerät nicht früh genug repariert

Konsequenzen:
a) verspätete Promotion
b) frühe Promotion

Ziele:
a) Skifahrt mitmachen (Spaß)
b) Dissertation früh abgeben (Erfolgserlebnis Dissertation)

Gründe:
a) Morgen muss Antwort gegeben werden, um die schöne Skihütte zu bekommen

In dieser Form können Sie Ihr Entscheidungsproblem in die einzelnen Komponenten zerlegen und überlegen, worauf Sie Einfluss haben. Gewichten Sie die Ziele und reihen Sie diese ihrer Wertigkeit nach auf. Gewichten Sie die Konsequenzen und reihen Sie auch diese ihrer Wertigkeit nach auf. Wie wahrscheinlich ist das Eintreten der Konsequenzen in Abhängigkeit von den Optionen und Ereignissen?

Sie sehen, die Komplexität solcher Überlegungen steigt schnell und wird unübersichtlich. Trotzdem kann diese Vorgehensweise hilfreich sein, denn oftmals werden Optionen übersehen. Oder das Problem wird nicht explizit formuliert und bleibt daher unscharf.

Wir möchten jedoch auf die in der Regel völlig unterbewerte Kompetenz Ihrer „Emotionen“ hinweisen.

Emotionales Entscheiden

Neben der Ebene der Vernunft gibt es die Ebene der Emotion. In der Regel werden heutzutage Emotionen selten als Argumente in beruflichen Entscheidungsprozessen anerkannt. Andererseits: Wie oft haben Sie beobachtet, dass jemand rational entschieden hat, wen er heiratet? Ist diese Entscheidung im Vergleich zu beruflichen Entscheidungen eher wichtig oder eher unwichtig?

Die psychologische Forschung zeigt, dass von uns Menschen im Leben gemachte Erfahrungen im Unterbewusstsein gespeichert werden. Tritt nun eine Entscheidungssituation ein, wird im Unterbewusstsein blitzschnell mit bisherigen Erfahrungen abgeglichen. Diese Prozesse sind viel schneller als rationale, d. h. bewusste Prozesse. Das Ergebnis sind Gefühle, die uns signalisieren, ob die Wahl einer Alternative gut für uns ist. Diese Gefühle müssen sich übrigens nicht im Bauch abspielen. Es gibt vielfältige Symptome für die Rückmeldung unseres Unterbewusstseins: Kribbeln im Bauch, Last, die von den Schultern fällt, aber auch Druck auf der Brust, zugeschnürter Hals etc. Diese Gefühle können so schwach ausgeprägt sein, dass man sie kaum merkt. Es geht einem dann nicht gut, aber man kann das Gefühl nicht präzise ausdrücken.

Nehmen Sie Ihre Gefühle ernst

Diese emotionalen Rückmeldungen können natürlich irreführend sein. Sie sind jedoch ein wichtiger Hinweis. Unser Tipp: Nehmen Sie Ihre Gefühle so ernst wie rationale Überlegungen!

Storch et. al. [1] stellen das Konzept der Gefühlsbilanz vor, das zum Thema Bauchgefühl hilfreich sein kann. Die Grundannahme der Gefühlsbilanz ist, dass positive und negative Gefühle in verschiedenen Gehirnarealen erzeugt werden. Daher können wir gemischte Gefühle empfinden. Haben Sie nun eine Entscheidung zwischen A und B vor sich, so fragen Sie sich: Wie positiv ist mein Gefühl für die Wahl von A? Und wie negativ ist mein Gefühl für die Wahl von A? Danach machen Sie dasselbe mit B: Wie positiv ist mein Gefühl für die Wahl von B? Und wie negativ ist mein Gefühl für die Wahl von B? Anschließend werden die Intensitäten der Gefühle auf einer Skala von 0 bis 100 bewertet. In der folgenden Abbildung ist in Anlehnung an [1] die Darstellung zur Gefühlsbilanz als Bewertungsbeispiel dargestellt.

Nützliche Literatur zum emotionalen Entscheiden von Maja Storch finden Sie in den Literaturtipps.

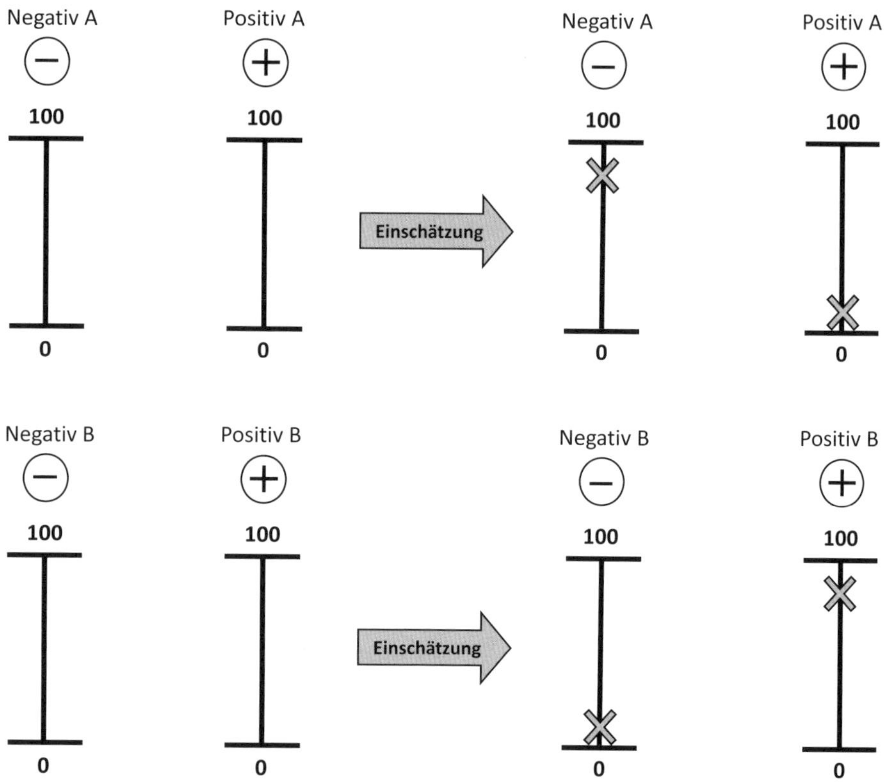

Beispiel einer Skala: Gefühlsbilanz „Entscheidung zwischen A und B"

Limitierendes Denken

Ein wichtiges Thema beim Entscheidungsprozess ist das limitierende Denken: Bestimmte Denkweisen über sich selbst und die eigene Umgebung hemmen hier die Entscheidungsfindung.

Wollen Sie z. B. entscheiden, wo Sie promovieren wollen, und Ihre Kriterien wären Internationalität und Industrienähe, dann könnte das Denken „Ich kann schlecht Englisch und werde das auch nie gut lernen" dazu führen, dass Sie eine Promotionsstelle wählen, die als Zusatzkriterium möglichst wenig Fremdsprachen enthält und dafür in der Nähe einer Großstadt mit viel Industrie liegt. Wenn Sie sich dieses Denkens über Ihre Fähigkeiten nicht bewusst wären, würden Sie möglicherweise falsch entscheiden.

Gehen Sie limitierenden Gedanken auf den Grund

Oftmals spielen jedoch auch persönliche Überzeugungen eine Rolle bei Entscheidungen. Bei der Entscheidung zu promovieren oder nicht zu promovieren würde die Überzeugung „Ich bin nicht intelligent genug, um zu promovieren" eine Entscheidung für eine Promotion sicherlich hemmen.

Dieses limitierende Denken steht guten Entscheidungen oft im Wege. Um herauszufinden, ob es sich um limitierende Gedanken handelt, hilft es, sich Feedback von jemandem aus der Umgebung zu holen, den Sie schätzen. Es gibt immer wieder massive Fehleinschätzungen bei der Selbstwahrnehmung. Ein Beispiel wäre: „Wenn ich auf Konferenzen vortrage, dann sehen mir die Zuschauer meine Nervosität an. Dadurch wirke ich wenig souverän." Nur wenn Sie wirklich fragen, wie Ihre Außenwirkung ist, werden Sie die Wahrheit erfahren.

Angst vor Fehlentscheidungen kann ebenso ein Problem in Entscheidungsprozessen sein. Wir verweisen an dieser Stelle auf das Kapitel 4.

Ein anderer Feind der guten Entscheidung ist der Perfektionismus! Man kann niemals immer richtig entscheiden. Gute Entscheider machen weniger Fehler, aber nicht keine! Fast immer können Sie Fehlentscheidungen korrigieren. Denken Sie über Korrekturmöglichkeiten nach, wenn Ihr Perfektionismus Sie hemmt.

Entscheidungen treffen bedeutet auch, Verantwortung zu übernehmen. Der Unterschied zwischen einer Person, die Entscheidungen trifft, und einer Person, die keine Entscheidungen trifft, ist der Unterschied zwischen einem Gestalter, der seine eigenen Ziele umsetzt, und einem Menschen, der für andere Ziele umsetzt. Beides ist völlig okay. Nun könnte der ein oder andere sagen: „Man sollte aber doch als erwachsener Mensch seine eigenen Entscheidungen treffen! Oder?" Ja, so ist es, aber die eigene Entscheidung kann auch darin bestehen, ein Umsetzer für einen Entscheider zu sein. In den meisten Fällen werden promovierte Personen für gestaltende Positionen gesucht. Sie können die Promotionszeit nutzen, um das Entscheiden zu trainieren.

Entscheiden bedeutet, sich *für* etwas zu entscheiden, aber auch immer, sich *gegen* etwas anderes zu entscheiden. Betrachten Sie diese beiden Entscheidungen jede für sich.

12.3 Anwendung

Schreiben Sie eine Liste der Pros und Contras zur Entscheidung auf. Sortieren Sie die Pros und Contras nach ihrer Wertigkeit.

Pro		**Contra**	
Priorität		Priorität	
1	Aspekt 1	1	Aspekt 1
2	Aspekt 2	2	Aspekt 2
...	...	...	...

Prüfen Sie, inwieweit die Konsequenzen Ihrer Entscheidung und das angestrebte Ergebnis zu Ihren drei wichtigsten Lebensprämissen passen.

Nutzen Sie das 10-10-10-Modell, das auf Suzy Welch [2] zurückgeht. Fragen Sie sich, welche Folgen Ihre Entscheidung in zehn Minuten, zehn Monaten und zehn Jahren haben wird.

Was wäre die Konsequenz der Entscheidung in zehn Minuten?

Was wäre die Konsequenz der Entscheidung in zehn Monaten?

Was wäre die Konsequenz der Entscheidung in zehn Jahren?

Was alles an limitierendem Denken hat Einfluss auf die Entscheidung? Notieren Sie Ihre Klassiker! Ich kann nicht … Ich darf nicht … Ich bin nie …

Lernen Sie den Umgang mit Dingen, die Sie so nicht entscheiden wollen, aber müssen. Schreiben Sie zunächst auf, mit welcher Entscheidung Sie nicht gut zurechtkommen. Z. B.: „Zur Konferenz nach China reisen."

Führen Sie eine Gefühlsbilanz zur Entscheidung von oben durch:

Welche Ursachen könnte das Ergebnis Ihrer Gefühlsbilanz haben? Was denken Sie? Was denken Menschen in Ihrer Umgebung? Was müsste geschehen, damit die Gefühlsbilanz für Sie positiver ausfällt?

Holen Sie sich Feedback, falls Ihnen hier weniger als 5 Hypothesen einfallen. Je mehr Hypothesen, umso besser! Notieren Sie Ihre Hypothesen! Unterstreichen Sie die Hypothesen, die Ihnen am plausibelsten sind.

Führen Sie Gefühlsbilanzen für die unterstrichenen Hypothesen durch:

Beginnen Sie für die negativste Gefühlsbilanz zu überlegen, was Sie tun könnten, damit die Gefühlsbilanz positiver wird. Schreiben Sie die Maßnahmen konkret auf, so als wenn Sie sich ein To-do notieren.

Wiederholen Sie die Gefühlsbilanz unter der Randbedingung, alle Maßnahmen umgesetzt zu haben. Erweitern Sie ggf. die Maßnahmenliste. Fahren Sie fort, auch mit den anderen wesentlichen Hypothesen ...

12.4 Herausforderungen

- Die wesentlichen Herausforderungen sind der Umgang mit Ängsten und ein hohes Sicherheitsbedürfnis, den Preis des Loslassens von Dingen zu zahlen und die Notwendigkeit, Klarheit über die eigenen Lebensprämissen zu erlangen.

- Klären Sie Ihr *Wofür*! Ihre Entscheidungen sind Meilensteine auf dem Weg zur Umsetzung Ihrer Ziele.

- Fällen Sie extrem wichtige Entscheidungen nicht unter Stress, sondern in Ruhe. Schlafen Sie eine Nacht über die Entscheidung.

- Wenn Sie entschieden haben, gehen Sie den gewählten Weg „entschieden" und sehen Sie nicht zurück. Erst mit genügend Abstand und gewachsener Erfahrung mit den Konsequenzen der Entscheidung macht das Ganze Sinn. Dann, mit genügend Abstand und Erfahrung mit der Entscheidung, ist es auch empfehlenswert, zurückzublicken und zu reflektieren. In der Regel gibt es später immer wieder Möglichkeiten, die getroffene Entscheidung zu korrigieren bzw. neu zu treffen.

12.5 Das Wichtigste in Kürze

Entscheiden bedeutet, Verantwortung zu übernehmen und zum Gestalter zu werden.

Passt Ihre Entscheidung zu Ihren Lebensprämissen?

Stellen Sie sich die Frage: Woran würde ich im Nachhinein erkennen, dass die Entscheidung richtig war? Woran würde meine Umgebung das erkennen?

Beziehen Sie Ihr Bauchgefühl in die Entscheidung ein.

Stellen Sie eine priorisierte Pro-und-Contra-Tabelle auf.

Entscheiden Sie rational *und* emotional.

12.6 Reflexionsfragen

- ☐ Passt die Entscheidung zu Ihren Lebensprämissen?
- ☐ Wie würden Sie entscheiden, wenn Sie keine Angst hätten?
- ☐ Welche Gedanken stehen Ihnen bei der Entscheidungsfindung im Wege?
- ☐ Warum fällt Ihnen die Entscheidung so schwer?
- ☐ Welche Alternativen haben Sie sicher?
- ☐ Welche Auswirkungen hat die Entscheidung für Sie oder andere in Ihrem Umfeld?
- ☐ Über welchen Verlust werden Sie trauern, wenn Sie die Entscheidung treffen?
- ☐ Gegen was entscheiden Sie sich mit der Entscheidung für etwas?
- ☐ Überwiegen die positiven oder negativen Gefühle, die Sie mit der Entscheidung verbinden?
- ☐ Wie macht sich Ihr Bauchgefühl bemerkbar?
- ☐ Woran würden Sie merken, dass Ihre Entscheidung ein Erfolg war?
- ☐ Woran würden andere Personen merken, dass Ihre Entscheidung ein Erfolg war?
- ☐ Wie würde wohl eine Person, die Sie schätzen, entscheiden?

12.7 Literatur

[1] Johannes Storch, Corinne Morgenegg, Maja Storch, Julius Kuhl: *Ich blicks: Verstehe dich und handle gezielt,* Hogrefe, 2016

[2] Suzy Welch: *10-10-10: 10 Minuten, 10 Monate, 10 Jahre – Die neue Zauberformel für intelligente Lebensentscheidungen*, Goldmann, 2009

Literaturtipps

Maja Storch: *Das Geheimnis kluger Entscheidungen*, Piper Verlag, 2011

António R. Damásio: *Descartes' Irrtum: Fühlen, Denken und das menschliche Gehirn*, List Verlag, 2004

Helmut Jungermann, Hans-Rüdiger Pfister, Katrin Fischer: *Psychologie der Entscheidung, Eine Einführung,* Spektrum Akademischer Verlag, 2010

Daniel Kahneman: *Schnelles Denken, langsames Denken*, Siedler Verlag, 2012

13. Kapitel:
Verhandeln – Wissenschaft oder Geiselaustausch?

„Wir können nicht mit jenen verhandeln, die sagen: Was mein ist, ist mein, und was dein ist, ist Verhandlungssache."
John F. Kennedy

* * *

13.1 Der Kunde ist König! Immer? Ja, immer!

Wie jeden Mittag stand Laura am Tresen in der Mensa der Universität, und wie jeden Tag um diese Zeit war es proppenvoll. Heute standen drei Gerichte zur Auswahl, die es allerdings nicht auf die ersten Plätze in der Rangliste von Lauras Lieblingsessen schafften. Dafür gab es ein super leckeres Dessert, auf das es die anderen aber leider auch abgesehen hatten. Denn dort standen die meisten an. Laura schnappte sich schnell einen der letzten Teller und schwelgte in Vorfreude auf den süßen Traum.

„Hallo Laura! Na, was geht so bei dir?", sagte eine männliche Stimme hinter ihr. Laura drehte sich um.

„Torben! Danke, mir geht es am liebsten gut. Das weißt du doch!" Torben gehörte zu Lauras Kollegen. Er war ein großer, schlanker junger Mann, der aktiv Basketball in der zweiten Mannschaft der ‚Ice Bears' spielte. Das sagte eigentlich alles über seine Figur und seinen Typ.

„Hast du schon gehört, dass Leon in Schweden war?", fragte Torben weiter.

„Nee, hab ich nicht!", antwortete Laura und angelte sich noch einen kleinen Löffel fürs Dessert. „Und?"

„Er war bei Kunden und hat denen Versuche auf der Pilotanlage für die KW 31 versprochen."

„Was? Das ist nicht dein Ernst, oder?", fragte Laura erstaunt und fast schon empört. Sie nutzte für ihre Forschungsarbeiten auch eine große Pilotanlage, die sie nicht alleine bedienen konnte. Um die Anlage in Betrieb zu setzen, brauchte sie einen angestellten Techniker und zwei studentische Mitarbeiter. Die Pilotanlage wurde von mehreren von Lauras Kollegen genutzt. Aus diesem Grund planten alle Beteiligten in einer wöchentlichen Besprechung, wer die Anlage wann für welches Projekt verwenden konnte. Als er Laura von dem Versprechen erzählte, das Leon den schwedischen Kunden gegeben hatte, hatte Torben bei Laura anscheinend in ein Wespennest gestochen. Schließlich war sie für die Versuche der Schweden verantwortlich.

„Das ist ja ein Ding! Leon hat mir gar nichts davon gesagt! In der KW 31 sind doch Sommerferien und Büffeln für die Klausuren ist angesagt. Da

sind die Techniker mit schulpflichtigen Kindern im Urlaub und die studentischen Mitarbeiter haben Klausurphase. Das ist wieder typisch Leon: Entweder interessiert er sich nicht die Bohne für unsere Arbeit, oder er checkt das null ab. Ich gehe gleich mal zu ihm und mache ihm klar, dass das so nicht geht. Wir müssen die Versuche verlegen."

Als Laura vor dem Büro ihres Kollegen Leon stand, nahm sie erst einmal drei tiefe Atemzüge. Das hatte sie im Yoga gelernt und wusste, dass sie so für frische geistige Energie sorgen konnte. Dann klopfte Laura energisch an.

„Ja bitte!", tönte es aus dem Büro und Laura trat ein. Ihr Kollege und Post-Doc Leon saß vor dem Monitor seines Rechners.

„Wir müssen die Spinnversuche für die Schweden verlegen", platzte Laura gleich heraus.

„Hallo Laura!", begrüßte Leon sie demonstrativ mit einem sarkastischen Unterton. „Danke, mir geht es gut! Ja, ich freue mich auch, dich zu sehen!"

„Sorry Leon!" Laura war es ein bisschen peinlich, so schlechte Manieren an den Tag gelegt zu haben. „Hast du ein paar Minuten Zeit? Wir sollten mal über die Schweden reden!"

„Okay", sagte Leon, der gerade noch etwas tippte. „Lass mich nur noch schnell diese E-Mail fertigschreiben, dann habe ich Zeit für dich. Setz dich doch!"

„Leon schreibt aber recht flott mit dem ‚System Adler'", dachte sich Laura, während sie ihren Kollegen beobachtete. Der war mit seinem Zwei-Finger-System wirklich verdammt schnell. Es dauerte nur ein paar Minuten, dann war Leon fertig. Er schob die Tastatur beiseite, lehnte sich in seinem Stuhl zurück und fragte: „So, was liegt an?"

„Wir können unmöglich in der KW 31 für die Schweden auf der Pilotanlage arbeiten", erklärte Laura und war zunächst ganz sachlich. „Da sind weder Techniker noch studentische Hilfskräfte verfügbar."

„Oh, keine gute Ansage!"

„Außerdem finde ich es nicht in Ordnung, dass du den Schweden zugesagt hast, ohne es vorher mit mir abzusprechen!", fügte Laura hinzu. Und das klang jetzt nicht mehr sachlich, sondern vorwurfsvoll. „Schließlich bin ich für die Versuche der Schweden verantwortlich."

„Das kann ich erklären."

„Ich bin ganz Ohr!"

„Weißt du, warum ich zugesagt habe, ohne Rücksprache mit dir zu halten?" Ohne ihre Antwort abzuwarten, fuhr er fort: „Meinst du wirklich, ich habe diese Zusage gemacht, ohne einen triftigen Grund dafür zu haben?"

„Groß nachgedacht hast du wohl dabei nicht …"

„Also das ist jetzt aber ziemlich dick aufgestrichen!", empörte sich Leon und sprang von seinem Stuhl auf. Nach einer Runde um den Schreibtisch setzte er sich wieder ordentlich hin, beugte sich nach vorne und erzählte ruhig, dass bei seinem Treffen mit den Schweden massive Unzufriedenheit mit dem Projektverlauf geherrscht hatte. Sie lagen ja auch massiv hinter dem Plan. Zudem stand ein weiterer großer Auftrag an, den das Institut nur bekommen würde, wenn sie im aktuellen Projekt einen guten Job machten. In der aktuellen Auftragslage war Leon nichts anderes übriggeblieben, als um jeden Auftrag zu kämpfen. „Ich habe die Versuche auf der Pilotanlage zugesagt, weil ich die Verantwortung für die wirtschaftlichen Geschicke der Arbeitsgruppe trage und die Schweden-Aufträge nicht gefährden wollte."

„Schon mal was von dem Spruch ‚Ohne Rücksicht auf Verluste' gehört?", meinte Laura. Und auch das klang ziemlich provozierend.

„Jetzt kapier das doch endlich!", konterte Leon und seine Stimme wurde nun auch ein bisschen energischer. „Mit einer Verneinung der KW 31 wäre ich meiner Verantwortung nicht gerecht geworden."

„Und was ist mit meiner Verantwortung?" Auch Laura konnte etwas lauter werden und ihren Standpunkt energisch vertreten. „Ich habe die Verantwortung für die Studierenden. Die haben dann Klausurphase und brauchen Zeit zum Lernen. Seit Jahren gilt bei uns der Deal ‚Klausuren gehen vor'. Den kann ich nicht zurücknehmen."

Die beiden Kontrahenten warfen sich noch eine Zeit lang diverse Argumente an den Kopf, sahen aber irgendwann ein, dass sie so nicht weiterkamen.

„Gut, dann haben wir völlig unterschiedliche Standpunkte und Interessen!", stellte Leon fest. „Da gibt es eigentlich nur eine einzige sinnvolle Lösung."

„Würdest du mir freundlicherweise auch verraten, welche?"

„Verhandeln!", sagte Leon, und das klang so, als ob er gerade das Ei des Kolumbus entdeckt hätte.

„Verhandeln?", fragte Laura zurück. „Wer mit wem und über was?"

„Du mit deinen studentischen Mitarbeitern."

„Jetzt spinnst du aber im Viereck!" Laura kam sich ein bisschen veräppelt vor. „Soll ich denen vielleicht sagen, du hast angeordnet, dass die Anlage laufen muss, weil der Kunde König ist? Dann hagelt es sicher Krankmeldungen. Aber bitte, wenn du auf so was stehst …"

„Verhandeln. Nicht verdonnern, liebe Laura."

„Sprich mal nicht in Rätseln! Wir sind nicht bei Günther Jauch!"

Leon schmunzelte. Seine Kollegin schien nicht ganz zu verstehen, was er meinte. Also erklärte er ihr es ausführlich und genau: Wenn man als Chef einfach Ansagen macht und den Studenten keine Chance zur Opposition lässt, kann es passieren, dass sie sich diesem Diktat mit unfairen Mitteln entziehen. Das meinte Leon mit ‚Verdonnern' aus der Hierarchie heraus. Und das war seiner Ansicht nach nicht das Mittel der Wahl.

„Und wie geht Verhandeln?", fragte Laura genervt.

„Wofür haben die studentischen Mitarbeiter ihren Job angetreten?"

„Na, um Geld zu verdienen und etwas zu lernen", antwortete Laura.

„Und ums Geldverdienen geht es mir auch. Das verstehen sie dann ja wohl", sagte Leon. „Und was bedeutet der Auftrag in KW 31 für dich persönlich?"

„Mein Wort zu brechen, dass die Klausurphase respektiert wird", grummelte Laura.

„Könnte man die Lernzeit nicht mit der Durchführung der Versuche kombinieren?"

„Keine Ahnung, das müssen die Studierenden wissen. Aber die schreiben ja nicht alle zur gleichen Zeit Klausur", meinte Laura. „Und ich will denen das nicht abverlangen. Nach meiner Auffassung sind Versprechen dazu da, gehalten zu werden. Das hat mir mein Opa beigebracht!"

„Musst du dich auch mies fühlen, wenn es aus Sicht der studentischen Mitarbeiter eine akzeptable Lösung gibt?", fragte Leon und schaute Laura in die Augen. Die dachte ein paar Minuten nach.

„Eigentlich nicht! Aber in Ordnung ist das nicht."

„Verhandeln bedeutet, eine Lösung zu finden, die für beide Seiten okay ist. In diesem Fall für das Institut und für die studentischen Mitarbeiter", machte Leon klar. „Am Ende einer guten Verhandlung gibt es immer zwei Verlierer oder besser zwei Gewinner. Es geht nicht darum, die studentischen Mitarbeiter zu Verlierern zu machen. Sie sollen ja auch etwas davon haben."

Wieder dachte Laura für einen Moment nach. Dann seufzte sie und meinte: „Im Prinzip hast du ja recht. Ich werde mir etwas überlegen und es mit Verhandeln versuchen."

Laura traf sich mit den studentischen Mitarbeitern und schilderte das Problem. Zu ihrer Überraschung stieß sie auf Verständnis, und bei der Verhandlung schlugen die Mitarbeiter sogar von sich aus gute Lösungen vor, die Laura nicht in den Sinn gekommen wären. So fanden in KW 31 die Versuche mit der Pilotanlage planmäßig statt. Der schwedische Kunde bedankte sich danach auch noch einmal schriftlich überschwänglich für den engagierten Einsatz, der nächste Auftrag war in trockenen Tüchern. Die studentischen Mitarbeiter nahmen das Feedback stolz entgegen, auch wenn alle ein bisschen übernächtigt vom Lernen waren. Selbst Laura war zufrieden mit dem Ergebnis der Versuchswoche. Sie hatte gelernt, dass sie ein scheinbar unüberwindbares Problem ohne Kampf und Aggression lösen konnte. Durch Verhandeln!

***

13.2 Theorie

Was hat denn nun Verhandeln mit Promovieren zu tun? Wissenschaft ist doch keine Politik! Fakten sind unbestechlich und somit untrügliches Ergebnis der Wissenschaft. Ja, doch werden Sie auf dem Weg zu einer wissenschaftlichen Erkenntnis und Ihrer Promotion immer wieder Dinge durchsetzen bzw. für Ihre Sache werben müssen. Sie werden auf dem Weg zur Promotion immer wieder verhandeln.

Verhandeln als Unterwerfung?

Auch privat gibt es übrigens immer wieder Verhandlungssituationen. Was ist das Urlaubsziel der Familie? Wie werden die Einnahmen des Sportvereins am besten genutzt? Was wird am Wochenende gekocht? Dies alles sind Verhandlungen. Kennen Sie Verhandlungen aus dem Kino? Am Ende gewinnt einer und der andere verliert. Je größer die Differenz zwischen Höhe des Sieges und Tiefe des Verlustes, umso besser das Verhandlungsergebnis des Siegers. Dies ist ein Verständnis von Verhandeln, wie es vielerorts herrscht.

Verhandeln mit Fifty-fifty-Lösung?

Fragt man, was im Gegensatz zu diesem Verständnis von Verhandeln als Unterwerfungsritual eine faire Verhandlung auszeichnet, so hört man oft, dass beide Seiten etwas Positives für sich erreichen müssten. Der kleinste gemeinsame Nenner sozusagen sei ein faires Ergebnis. Oft ist auch von der Schaffung einer Win-win-Situation die Rede.

Ein Beispiel: Stellen Sie sich vor, es gäbe nur einen Apfel, aber zwei Personen, die den Apfel haben wollen. Was wäre nun eine übliche „Win-win"-Situation? Den Apfel zu halbieren! Das ist ja klar, denn beide haben dann mehr als nichts. Wenigstens hat dann jeder gleich viel Apfel. In der Geschichte hätte man analog dazu z. B. die verfügbare Anlagenkapazität aufteilen können. Das hätte hier aber niemandem geholfen, und niemand wäre zu seinem Ziel gelangt.

Verhandeln zu beidseitigem Nutzen!

Stellen Sie sich nun die gleiche Situation vor, aber Sie wüssten, dass die eine Person das Fruchtfleisch essen will, weil sie Hunger hat, die zweite Person ist hingegen allergisch auf Äpfel, möchte aber mit den Kernen im Garten Apfelbäume ziehen. Wäre die Win-win-Situation nun eine andere?

Fragen Sie nach!

Gute Verhandlungsergebnisse befriedigen die Bedürfnisse beider Seiten so gut wie möglich, idealerweise zu 100 %. Was folgt daraus nun für Verhandlungen? Es folgt, dass die Bedürfnisse der Verhandlungspartner zu Beginn der Verhandlung gegenseitig bekannt sein müssen. Dann ist es oftmals möglich, eine Lösung zu finden, die umsetzbar ist und die Bedürfnisse der Verhandlungspartner befriedigt.

Um diese Lösung zu finden, muss es ein gemeinsames *Wofür* der Verhandlungspartner geben, z. B. den Apfel bedürfnisoptimal aufzuteilen. Dies scheint möglicherweise trivial, ist es aber erfahrungsgemäß nicht. Fragen Sie sich selber: „*Wofür* verhandle ich? *Wofür* verhandelt mein Verhandlungspartner?“

Gute Verhandlungsergebnisse befriedigen die Bedürfnisse beider Seiten

Passt das Wort Verhandlungspartner wirklich oder wäre Verhandlungsgegner für Sie passender? Achtung! Gegner zielen auf Unterwerfung ab! Es wird dann zwingend Sieger und Verlierer geben.

Verhandeln bedeutet Bedürfnisse befriedigen

Was Sie für gute Verhandlungsergebnisse tun sollten:

- Machen Sie sich klar, dass insbesondere ein Vorgesetzter von Ihnen erwartet, dass Sie für den Zweck der Institution eintreten und dementsprechend für die Institution verhandeln. Wer das nicht tut, ist für Vorgesetzte das größere Problem.
- Treffen Sie keine Aussagen und verwenden Sie keine Argumente, die die Position des Gegenübers auflösen und logisch widerlegen.
- Seien Sie geduldig.

- Sagen Sie nicht gleich die eigene Meinung.
- Halten Sie auf keinen Fall ständig dagegen.
- Verzetteln Sie sich nicht in Details und behalten Sie den Überblick.
- Jammern Sie nicht über Ihre Situation, sondern formulieren Sie, was Ihr Ziel und das dahinterliegende Bedürfnis ist.
- Drohen Sie nie! Das erzeugt Aggression auf der Gegenseite.
- Nutzen Sie keine Verhandlungstricks.
- Kämpfen Sie nicht um Positionen, sondern vertreten Sie Ihre Bedürfnisse.
- Seien Sie flexibel. Gehen Sie nicht mit einem zwingend notwendigen Ergebnis in die Verhandlung, aber verfolgen Sie Ihre Bedürfnisse.
- Definieren Sie keine rote Linie. Mit einer roten Linie sind unverhandelbare Grenzen gemeint. So schränken Sie Ihre Beweglichkeit ein!
- Wenn Sie Sorge haben, etwas zuzusagen, was eigentlich nicht Ihren Wünschen entspricht (oft ein Grund für rote Linien), fordern Sie Bedenkzeit ein und entscheiden Sie außerhalb der Verhandlungssituation.

Was Verhandlungen nutzt:

- Stellen Sie Fragen.
- Versuchen Sie zu verstehen.
- Werten Sie nicht, so gut es Ihnen gelingt.
- Warten Sie auf den richtigen Moment für das, was Sie sagen wollen.
- Seien Sie klar.
- Eine Ablehnung Ihrer Vorschläge ist eventuell ein „so nicht“ oder „noch nicht“ - suchen Sie weiter nach den zugrundliegenden Bedürfnissen Ihres Gegenübers.
- Lassen Sie sich und Ihrem Gegenüber Zeit für eine Entscheidung. Zeitdruck zu erzeugen ist ein manipulativer Verhandlungstrick.
- Führen Sie eine Gefühlsbilanz zum Angebot des Gegenübers durch.

Nach der Verhandlung:

- Schaffen Sie Verbindlichkeit, z. B., indem Sie ein Protokoll schreiben, in dem klare Ergebnisse und Zeitpunkte der Umsetzung des Verhandlungsergebnisses fixiert sind.
- Holen Sie Feedback vom Verhandlungspartner mit ausreichend Distanz zur Verhandlung.

13.3 Anwendung

Über Ihr *Wofür* können Sie sich durch Reflexion klarwerden. Bezüglich des *Wofür* Ihres Gegenübers bleibt nun die Frage: Wie können Sie feststellen, um was es ihm geht?

Stellen Sie Fragen! Versuchen Sie zu Beginn der Verhandlung nichts anderes zu tun, als zu verstehen, was das *Wofür* Ihres Verhandlungspartners ist. Was ist sein Bedürfnis? Fruchtfleisch oder Kerne? Das ist der wichtigste Schritt zur Bedürfnisbefriedigung beider Seiten.

Vertreten Sie Ihre Position offen und klar. Sagen Sie die Dinge so, wie Sie sie empfinden. Eigene Ängste oder Überzeugungen können Ihnen hier in die Quere kommen! Trennen Sie diese Regungen von Ihrem Gegenüber. Es kann passieren, dass Sie sich in Verhandlungen in ungewohnter Form begegnen – und das nicht nur Ihrem Gegenüber.

Bereiten Sie sich vor:

Wofür verhandeln Sie? Welche Ihrer Lebensprämissen sind berührt?

Was verhandeln Sie? Sie müssen das Thema kennen! Was sind die wichtigsten Aspekte des Themas?

Nehmen Sie verschiedene Blickwinkel ein. Welche Blickwinkel sind möglich? Wie sieht der Sachverhalt aus diesen Blickwinkeln aus? Z. B. aus Sicht des Gegenübers oder Dritter?

Geben Sie sich selber die Erlaubnis, zu verhandeln. Was legitimiert Sie, diese Verhandlung zu führen?

Welche Alternativen haben Sie? Welche Alternativen könnten Sie vor der Verhandlung schaffen?

Wie soll die Beziehung zwischen Ihnen und dem Verhandlungspartner nach der Verhandlung aussehen?

Wie denken Sie über Menschen, die gut verhandeln? Sind das für Sie unsympathische „harte Knochen“, die eventuell vom Verhandlungspartner persönlich abgelehnt werden? Wenn Sie so denken, haben Sie schon ein Problem. Schreiben Sie auf, welche Erfahrungen Sie mit Verhandlungen haben. Was bedeuten diese Erfahrungen für Ihre bevorstehende Verhandlung?

Mit welcher Metapher können Sie Ihre Argumentation stützen? Wie könnte das Gegenüber innerhalb der Metapher reagieren?

13.4 Herausforderungen

- Schwierig wird eine Verhandlung, wenn Sie ein geringes Selbstwertgefühl oder Angst haben.
- Wenn zwischen den Verhandlungspartnern starke Diskrepanzen der Lebensprämissen bestehen, wird Verhandeln schwieriger. Die Bedeutung des gemeinsamen *Wofür* steigt dann!
- Schwierig ist es, selber wertungsfrei hinzuhören und Fragen zu stellen. Dies bedeutet, den Impuls, sein eigenes Ziel logisch zu erklären, zu unterdrücken. Akzeptieren Sie die Emotionen des Verhandlungspartners, sie lassen sich nicht wegargumentieren!
- Kleben Sie nicht sklavisch an Ihrer Argumentationskette.

13.5 Das Wichtigste in Kürze

Zahlen, Daten und Fakten bringen Ihr Gegenüber zum Denken, aber wecken keine Emotionen. Emotionen verändern das Handeln von Menschen und damit Ihr Verhandlungsergebnis.

Sie sollten nie aus Angst vor der Verhandlung nicht verhandeln.

Verhandeln Sie nicht, wenn Ihr Gegenüber nicht verhandlungsbereit auf Sie wirkt.

Stellen Sie Fragen und verstehen Sie! Vermitteln Sie erst danach Ihre Position.

Nutzen Sie nie Ironie! Das wirkt manipulativ und arrogant und ist selten zieldienlich.

13.6 Reflexionsfragen

- ☐ Was können Sie von Ihrem Verhandlungspartner lernen bezüglich des Verhandelns, aber auch generell im Leben?
- ☐ Wie oft und welche Fragen stellen Sie zu Beginn einer Verhandlung?
- ☐ Haben Sie sich Metaphern für Ihre Argumentation zurechtgelegt?
- ☐ Was ist Ihrem Gegenüber wichtig?
- ☐ Wie braucht Ihr Gegenüber die Informationen? Ist Ihr Gegenüber eher am großen Ganzen interessiert oder an Details? Stimmen Sie Unterlagen darauf ab.
- ☐ Was alles ist für Sie nicht verhandelbar?
- ☐ Wie haben Sie sich bislang auf Verhandlungen vorbereitet? Was werden Sie künftig tun?
- ☐ Was haben Sie in der nahen Vergangenheit beim Verhandeln verloren? Was hätten Sie aus heutiger Sicht anders machen können?

13.7 Literatur

Literaturtipps

Roger Fisher, William Ury, Bruce Patton: *Das Harvard-Konzept: Der Klassiker der Verhandlungstechnik*, Campus Verlag, 2004

Vera F. Birkenbihl: *Fragetechnik schnell trainiert. Das Trainingsprogramm für Ihre erfolgreiche Gesprächsführung*, mvg Verlag, 2007

14. Kapitel: Sich führen lassen – Nur, wie ...?

„Wer führen will, muss lernen, Emotionen zu produzieren."
Rupert Lay

* * *

14.1 Das Meeting

Steffi ging den langen schmalen Gang entlang, der zum großen Besprechungszimmer von Professor Cornelius führte. Wie immer war es ziemlich düster, denn die alten Glühbirnen in den noch älteren Lampen von anno dazumal spendeten wirklich nur so viel Licht, wie unbedingt nötig war, um hier einigermaßen seinen Weg zu finden. Die Absätze ihrer Halbschuhe erzeugten ein dumpfes Klopfen, dessen Echo durch die hohen Gänge hallte. Sie war gespannt auf das Meeting. Professor Cornelius wollte heute über dieses neue Projekt sprechen, das unter der Bezeichnung „Relaunch" geführt wurde. Diesen Namen hatte sich Steffis Gruppenleiterin Laura Schilberg ausgedacht, da der eigentliche Name viel zu lang und mehr oder weniger unaussprechlich war. Genau genommen hatte sich Laura diesen Namen ja aus der Internetszene abgeschaut. Wenn bestehende Webprojekte aufgepeppt, meist in neuem Design und Outfit, online gehen, dann spricht man dort auch von „Relaunch". Bei dem aktuellen Großprojekt, um das es heute gehen sollte, handelte es sich auch um so was Ähnliches. Das ganze Ding lief ja schon ziemlich lange, aber Cornelius wollte, dass es komplett überarbeitet wurde. Diese große Aufgabe traute er Laura zu. Steffi stieg die uralte breite Holztreppe hinauf zum dritten Stock, denn dort befand sich das Besprechungszimmer. Wie immer nahm die sportliche junge Frau gleich zwei Treppenstufen auf einmal und holte so ihren Kollegen Achim ein.

„Achtung, ich überhole rechts!", rief Steffi gut gelaunt. Achim blieb sofort stehen. Man konnte fast meinen, er nähme den Ausruf seiner Kollegin zum Anlass, um eine Pause einzulegen.

„Du bist mal wieder dabei, die Schallmauer zu durchbrechen, was?", meinte der dicke Achim atemlos und mit hochrotem Kopf.

„Und du strengst dich wieder mal an, jede Schnecke auszubremsen!", konterte Steffi und grinste versöhnlich.

Ja, man konnte ganz deutlich sehen und hören: Die schlanke, drahtige Fitness-Tussi Steffi und der übergewichtige, gemütliche Achim waren ein Herz und eine Seele. Steffi passte ihr Tempo ihrem Kollegen Achim an. Die letzten Stufen gingen die beiden gemeinsam, Seite an Seite.

„Ich bin ja gespannt, was der Cornelius eigentlich will“, meinte Achim noch immer schnaufend.

„Was wird er wohl wollen?“, gab Steffi zurück. „Sicher wird er Laura die Leviten lesen. Das Verhältnis der beiden hat sich in den letzten Wochen zu einer echten Eiszeit entwickelt.“

„Gut möglich, das sagen viele“, überlegte auch Achim. „Erst gestern hat mich Manni aus der zweiten Technischen angesprochen und wollte mich ausquetschen. Angeblich will die Schilberg ja sogar hinschmeißen und das Institut verlassen.“

„Echt wahr?“

„Ja! Das geht zumindest als Gerücht durch den Äther!“, berichtete Achim. „Der Alte kann aber auch ein richtiges Ekelpaket sein und …“

„Na aber!“, unterbrach Steffi. „In diesem Fall liegt es ja wohl kaum an Cornelius allein. Laura provoziert ihn doch, wo sie nur kann. Wenn der Alte vorsichtig andeutet, dass Schnee weiß ist, dann behauptet Laura felsenfest, der wäre schwarz.“

„Ja, seltsam, warum macht sie das nur?“, überlegte Achim und legte seine Stirn in Falten. Dann seufzte er erleichtert auf, denn die letzte Stufe der langen, breiten Treppe war nun erreicht. Achim legte eine kurze Pause ein und verschnaufte erst einmal. „Ich dachte immer, dass die Schilberg so eine Art Lieblingsdoktorandin des Alten ist. Die hat doch Narrenfreiheit und darf alles, was sie will.“

„Tja, die Zeiten ändern sich und die Zeiten ändern dich!“, meinte Steffi etwas altklug. „In einer Stunde wissen wir mehr. Du, sag mal Achim, kannst du mir einen Stift leihen?“

„Na klar doch, wenns weiter nichts ist!“

„Aber das kann doch alles nicht stimmen!“, schimpfte Professor Cornelius. „Wir hatten doch letzte Woche noch darüber gesprochen, dass hier 150 eindeutig zu viel sind.“

„Wollen Sie damit etwa meine Ergebnisse wieder einmal infrage stellen?“, konterte Laura Schilberg. Und das in einem Ton, der es an Provokation beileibe nicht mangeln ließ.

Professor Cornelius saß am Kopf des ovalen Tisches und schüttelte verständnislos den Kopf. Ihm gegenüber saß Laura. Zu Cornelius‘ Linken hatte Steffi und zu seiner Rechten Achim Platz genommen. Die beiden gehörten zu Lauras Team, das federführend das Projekt „Relaunch“ realisierte. Der Professor sah genervt zur Zimmerdecke.

„Ich stelle Ihre Ergebnisse nicht einfach so infrage, Frau Schilberg“, sagte er dann gefährlich langsam. „Der Erfolg des gesamten Projekts

hängt davon ab, dass jeder seine Hausaufgaben macht und die Fakten absolut korrekt sind. Wer von Ihnen hat letzte Woche mit dem Auftraggeber gesprochen?"

„Ich war das!", antwortete der dicke Achim.

„Und was haben Ihnen die Leute denn genau zur Verfügung gestellt?", fragte Cornelius.

„Na ja, viel war das nicht gerade!", erklärte Achim und holte aus seiner Mappe einen Stoß Papiere heraus. Die blätterte er durch und nannte Professor Cornelius immer wieder verschiedene Zahlen. Cornelius hörte genau zu und warf aus den Augenwinkeln seiner gegenübersitzenden Doktorandin Laura immer wieder einen verstohlenen Blick zu. So als wollte er sie heimlich beobachten und ihre Reaktion analysieren. Nach etwa fünf Minuten hatte Achim alles vorgetragen, was er an Material hatte. Cornelius lehnte sich in seinem Stuhl zurück und schaute Laura an.

„Was meinen Sie dazu, Frau Schilberg?", fragte Cornelius und zog eine Augenbraue hoch.

„Gar nichts!"

„Wie bitte?", fragte Cornelius, und seine Stimme wurde dabei eine Spur lauter.

„Ich sagte: Gar nichts!", wiederholte Laura stur.

Steffi schaute ihren Kollegen Achim fragend an. Der zuckte nur mit den Schultern. Steffi konnte die Reaktion ihrer Gruppenleiterin nicht nachvollziehen. Laura stellte sich demonstrativ quer und blockierte. Dabei war das Vorankommen auch so schon schwierig genug. Das musste Laura doch wissen.

„Nein, Frau Schilberg, so geht das nicht!", sagte Professor Cornelius dann auch, nahm seine Lesebrille ab und schaute Laura mit strenger Miene an. Offensichtlich von ihrer Position überzeugt und bereit für eine Konfrontation, lehnte sich Laura zurück und verschränkte die Arme. „Ich habe Ihnen die Betreuung übertragen, weil ich Sie dafür am meisten geeignet halte. Und jetzt ignorieren Sie die Informationen, die Ihre Studenten recherchiert haben!"

„Ich habe Ihnen meinen Bericht zukommen lassen, und da steht ein Ergebnis drin!", erwiderte Laura spitz.

„Ein Ergebnis, dessen Richtigkeit allerdings infrage steht."

„Bei Ihnen vielleicht, ja!", gab Laura barsch zurück. „Es gibt auch Wissenschaftler, die das ganz anders sehen."

„Aber ich leite dieses Institut hier!", antwortete Cornelius nun mindestens genauso barsch.

„Dann bleibt mir wohl nur noch, dieses Institut zu verlassen!"

„Du lieber Himmel, Frau Schilberg, was ist denn nur los mit Ihnen?“ Cornelius hieb wütend mit der Faust auf den Tisch. „Warum sind Sie denn so stur? Ich weiß, dass ‚Relaunch’ eine große Herausforderung für Sie ist. Aber Sie stehen doch nicht alleine da! Ich will Ihnen doch nur helfen und Sie blockieren seit einiger Zeit. Und zwar alles!“

Das Meeting dauerte insgesamt knapp eine Stunde und lag damit im Plan. Steffi checkte zum Schluss allerdings überhaupt nicht, was denn nun Stand der Dinge war. Auch ihr Kollege Achim war verwirrt und konnte außerdem keinerlei Verständnis für Lauras Verhalten aufbringen. Nach diesem Meeting war Steffi völlig klar, dass die Schuld an der ganzen Misere rund um ‚Relaunch‘ sicher nicht beim Institutsleiter lag. Sie eilte die Treppe hinunter, um ihre Gruppenleiterin zur Rede zu stellen, und erwischte Laura gerade noch auf den unteren Stufen.

„Sag mal, Laura, leidest du an akuter Ignoranz oder chronischer Sturheit oder was?“

„Jetzt mach du mich bloß nicht auch noch blöd an, ja“, fuhr Laura ihre Studentin an. „Mir reicht dieser selbstherrliche Typ vollkommen aus.“

„Das ist nicht fair von dir!“, sagte Steffi, packte Laura am Arm und hinderte sie am Weitergehen.

„Was ist nicht fair?“, fauchte Laura und schüttelte Steffis Hand ab.

„Wie du dich Cornelius gegenüber verhältst“, fuhr Steffi unbeirrt fort. „Findest du nicht, du hast dich da gewaltig im Ton vergriffen?“

„Er greift doch mich dauernd an!“, antwortete Laura. Sie klang jetzt nicht mehr ganz so selbstsicher, und in ihrer Stimme schwang eine Spur Verzweiflung mit. Sie sah Steffi an, und als diese offen ihren Blick erwiderte, brach der ganze Unmut aus Laura heraus: Dass sie Cornelius nichts mehr recht machen könne. Dass er dauernd an ihr und ihrer Arbeit herumnörgele. Dass er sie ständig vor allen kritisiere. „Das muss ich mir nicht bieten lassen!“, endete ihr Ausbruch. „Ich bin doch keine Anfängerin mehr. Ich kann auch an einem anderen Institut weitermachen. Das ist kein Problem für mich. Dann wird der Alte schon sehen, wie er ohne mich mit seinem ‚Relaunch’ weiterkommt.“

Steffi schüttelte nur den Kopf und legte den Arm freundschaftlich um die Schulter ihrer Gruppenleiterin. „Hast du dir schon mal überlegt, dass Cornelius vielleicht sehr große Stücke auf dich hält?“

„Wenn das so wäre, würde er sich anders verhalten!“, seufzte Laura, nun wieder fast die Alte.

„Meinst du, ja? Cornelius‘ Aufgabe ist es, aus uns gute Wissenschaftler zu machen. Das kann er aber nur, wenn wir das auch zulassen!“

„Warum verlangt er dann immer so viel von mir?“, jammerte Laura. „Und wenn ich etwas vorzuweisen habe, dann zerlegt er es gleich wieder und macht es nieder.“

„Vielleicht fordert er dich so, weil er dir so viel zutraut und dich so gut wie möglich fördern möchte“, vermutete Steffi. „Denk mal drüber nach! Er hat dich doch immer unterstützt, dir auch das große Projekt übertragen. Lass dich von Cornelius nach oben führen, wenn er dir das anbietet. Lauf nicht in die entgegengesetzte Richtung. Du schadest dir damit nur, glaub mir das!“

***

14.2 Theorie

Wie funktioniert die Interaktion zwischen Ihrem Doktorvater und Ihnen? Passt die Chemie oder müssen Sie sich im Umgang anstrengen, damit Sie kommunikativ nicht scheitern? Haben Sie eine Idee, was Sie zu einer fruchtbaren Beziehung beitragen könnten, um nicht gegen unnötige Widerstände kämpfen zu müssen? Diesem Thema ist dieses Kapitel gewidmet.

Haben Sie Vertrauen

Führung dient dazu, Ergebnisse zu erzeugen

Was bedeutet eigentlich Führung? Der Doktorvater führt den Promovenden. Mit Führung meinen wir an dieser Stelle, unter Berücksichtigung der Lebensprämissen Einfluss auf Menschen zu nehmen, um das Ziel einer Organisation zu erreichen. Führung geschieht in erster Linie, um zieldienliche Ergebnisse zu erzeugen. Bedeutet das dann nicht, Menschen für Ziele zu instrumentalisieren? Ist es nicht manipulativ, sich als Führungskraft so zu verhalten, dass andere in erwünschter Weise Ergebnisse erzielen? Nein, nicht wenn Führung auf einem hohen Vertrauensniveau erfolgt.

Aber wie entsteht Vertrauen? Eine einfache Erklärung bietet der Vertrauensbaum in der folgenden Abbildung: Der Baum trägt dann Früchte, wenn Wurzeln, Stamm und Krone intakt sind. Wenn Menschen im Umgang miteinander tun, was sie sagen, d. h. wenn sie ihrem Wort folgen und ihre Absichten transparent machen, dann entsteht Vertrauen. Die Fähigkeiten wachsen und sind die Basis guter Ergebnisse, aus der Vertrauen erwächst.

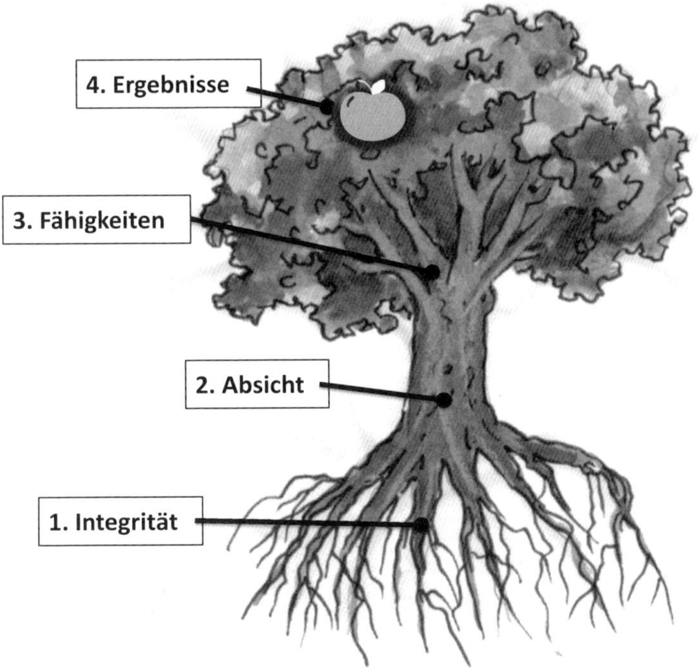

Vertrauensbaum in Anlehnung an Stephen M. R. Covey und Rebecca R. Merrill [5]

Achten Sie auf das richtige „Ohr“

Führung, d. h. gegenseitige Beeinflussung, findet immer wechselseitig statt. Sobald Kommunikation stattfindet, erfolgt auch Beeinflussung. Die spannende Frage ist nun, ob diese Beeinflussung hilfreich d. h. zielführend ist.

Haben Sie schon einmal erlebt, dass Sie in bester Absicht eine Botschaft gesendet haben, die völlig falsch ankam? So etwas kann passieren, weil die Botschaft einer Äußerung nicht von dem Menschen bestimmt wird, der sie tätigt („Sender“), sondern von dem Menschen, an den sie sich richtet („Empfänger“). Der Psychologe FRIEDEMANN SCHULZ VON THUN hat sich mit dieser Problematik intensiv auseinandergesetzt, vgl. z. B. [1], und seine Ergebnisse in einem sehr anschaulichen Modell zusammengefasst, das als das „Vier-Ohren-Modell“ bekannt geworden ist. In diesem Modell geht es darum, dass beim Kommunizieren der Empfänger einer Botschaft diese mit einem von vier verschiedenen „Ohren“ hört: Eine Botschaft kann auf vier Ebenen verstanden werden:

- auf der Sachebene = der Empfänger der Botschaft versteht diese als eine rein sachliche Information,
- auf der Beziehungsebene = der Empfänger nimmt die Aussage persönlich, z. B. indem er sich für eine Handlung kritisiert fühlt,
- auf der Appellebene = der Empfänger fühlt sich durch die Botschaft zu einer Handlung aufgefordert oder
- auf der Ebene der Selbstoffenbarung = der Empfänger versteht die Botschaft als eine Aussage darüber, wie es dem Sender der Nachricht gerade geht.

In der Geschichte zum Beispiel stellt Professor Cornelius ein Ergebnis von Laura infrage. Das hat er wahrscheinlich ganz sachlich gemeint, ihm geht es nur um Fakten. Bei Laura kommt diese Intention aber nicht an. Sie hört die Botschaft mit dem „Beziehungsohr“, nimmt sie also auf der Beziehungsebene wahr und fühlt sich von ihrem Doktorvater kritisiert.

Was bedeutet das nun für Führung und was hat das mit Vertrauen zu tun?

Vertrauen erhöht die Bereitschaft, dem Gegenüber wohlwollend zu begegnen

Wenn Menschen im Umgang miteinander ihrem Wort folgen, wenn sie also das tun, was sie sagen, wenn sie ihre Absichten für andere transparent machen und erklären, auf welche Ziele hin sie handeln, dann wird das Gegenüber, der Empfänger, die Botschaften richtig deuten können und auf der richtigen Ebene verstehen. Wenn Ihr Gegenüber aber weiß, was Ihre Ziele sind und *wofür* Sie sich einsetzen, können Sie kaum mehr manipulativ sein, weil Ihre Absichten klar sind. Das ist die Grundlage von Vertrauen, und der Empfänger wird dem Sender wohlwollend begegnen.

Für Sie als Doktorand bedeutet das, dass nicht nur Sie Ihrem Doktorvater vertrauen sollten, sondern dass auch Sie es ihm möglichst einfach machen sollten, Ihnen zu vertrauen! Sich führen zu lassen bedeutet auch, dafür zu sorgen, dass Ihr Chef Ihnen wohlwollend begegnet. Wie Sie das tun können? Kommunizieren Sie Ihre Absichten und setzen Sie Ihre Lebensprämissen um. Fragen Sie nach den Absichten und Lebensprämissen Ihres Doktorvaters und respektieren Sie diese.

Kommunikation auf Augenhöhe

Eine Führungsbeziehung sollte auf der gleichen Augenhöhe stattfinden. Weder eine hierarchische Kommunikation von oben nach unten (z. B. „Wenn Sie meine Sympathie nicht verspielen wollen, sollten Sie besser ...") noch eine Kommunikation von unten nach oben (z. B. „Ich mache alles, was Sie wollen, denn Sie sind ja der Chef und haben Einfluss auf meine Zukunft ...") führen zum Ziel.

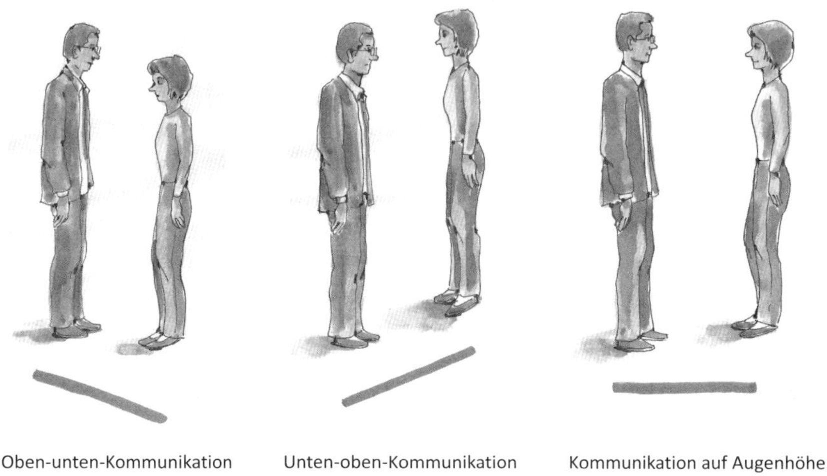

Ebenen der Kommunikation

Das klingt herausfordernd? Ja, das ist es auch! Mit „Augenhöhe" ist hier nicht Gleichberechtigung bezüglich des Einflusses auf die Organisation gemeint. Führungskräfte haben in der Regel mehr Verantwortung und damit auch größere Risiken zu tragen. Dies führt zwingend zu einer Ungleichheit, wie z. B. der Beziehung zwischen dem Doktorvater und den Doktoranden in der Prüfung. Mit „Augenhöhe" ist gemeint, die Bedürfnisse des Gegenübers in Erfahrung zu bringen, ohne diese abzuwerten. Auf dieser Basis kann dann die maximale Bedürfnisbefriedigung beider Seiten gestaltet werden.

Seien Sie Ihrem Doktorvater ein gleichrangiger Partner. Wie das geht? Hier sind einige Ideen:

- Vertreten Sie Ihre Positionen selbstbewusst und klar.
- Folgen Sie Ihrem Wort.
- Liefern Sie immer das Beste, was Sie liefern können.

- Holen und geben Sie sich Feedback.
- Richten Sie in Konflikten den Blick auf Ihren eigenen Anteil der Verantwortung.
- Appellieren Sie nicht, sondern leben Sie vor, was Sie von anderen erwarten.
- Sprechen Sie nicht schlecht über andere Menschen.
- Hören Sie unvoreingenommen hin. Stellen Sie Ihre Bewertungen zurück!

Widerstehen Sie den Versuchungen

In Führungssituationen treten erfahrungsgemäß immer wieder Versuchungen auf, die eine zielwirksame und bedürfnisbefriedigende Interaktion erschweren. LENCIONI fasst diese als die „fünf Versuchungen" in der Führung zusammen (vgl. [2]). Dies bedeutet, dass sich oft zwei Bedürfnisse gegenüberstehen, die miteinander konkurrieren. Eines ist dabei in der Regel stärker ausgeprägt als das andere. Die folgende Tabelle zeigt diese im Überblick. In der rechten Spalte stehen die Bedürfnisse, die meistens über die Bedürfnisse in der linken Spalte dominieren.

Die 5 Versuchungen			
1.	Ergebnis	versus	Status
2.	Verantwortungsübernahme	versus	Beliebt-Sein
3.	Klarheit	versus	Sicherheit
4.	Auseinandersetzung	versus	Harmonie
5.	Vertrauen	versus	Unverletzbarkeit

1. Versuchung: Wir unterliegen häufig auch einmal der Versuchung, unseren Status für wichtiger zu halten als das Ergebnis, das wir erzielen wollen.
Ein „Status" kann alles sein, was einer Person wichtig ist, z. B. eine Position, die sie innehat, oder auch die Tatsache, dass sie sich in einem Bereich als kompetenter ansieht als ihr Gegenüber („Ich habe drei Kinder, du nur eins, also kann ich das besser beurteilen.").

2. Versuchung: Wir unterliegen häufig auch einmal der Versuchung, lieber beliebt zu sein und gut dazustehen, als Kollegen dazu zu bringen, selbst Verantwortung für ihr Handeln zu übernehmen. Menschen sind soziale

Wesen, die in der Regel Angst davor haben, die Verbundenheit zu anderen zu verlieren. Gut dastehen zu wollen kann als Versuch, mit anderen Menschen verbunden zu sein, verstanden werden. Dies geht jedoch allzu leicht auf Kosten der Verantwortungsübernahme.

3. Versuchung: Wir unterliegen häufig auch einmal der Versuchung, Sicherheit für wichtiger zu erachten als Klarheit.
Ein Verlust von Sicherheit könnte bedeuten, dass jemand befürchtet, am Ende nicht mehr gut dazustehen, indem er z. B von einer anderen Person überholt wird. Aus Sorge davor könnte er z. B. Informationen, die der Klarheit dienen würden, zurückhalten.

4. Versuchung: Wir unterliegen häufig auch einmal der Versuchung, aufgrund unseres Strebens nach Harmonie einer Auseinandersetzung aus dem Wege zu gehen. Ein Beispiel hierfür könnte sein, dass man einem leicht aufbrausenden Kollegen, um gut mit ihm auszukommen, immer wieder recht gibt, obwohl man in vielen Dingen anderer Meinung ist.

5. Versuchung: Wir unterliegen häufig auch einmal der Versuchung, anderen oft kein oder wenig Vertrauen zu schenken aus der Sorge heraus, dass dieses verletzt bzw. enttäuscht werden könnte.
Dies kann auch aus mangelndem Selbstvertrauen heraus erfolgen. Eine Person ist in einer Beziehung vielleicht irgendwann einmal betrogen werden. Dieses Gefühl nimmt sie in die nächste Beziehung mit und kann nicht mehr so leicht wie früher Vertrauen schenken aus Angst, wieder verletzt zu werden. Genau das führt dann dazu, dass man sich nicht führen lässt.

In der Geschichte hatte Professor Cornelius das Ziel, Laura durch Fordern zu fördern. Mit den fünf Versuchungen ging er so um:

- 1. Versuchung: Professor Cornelius stellt den Erfolg des Projekts in den Vordergrund, nicht seinen Status am Institut, obwohl dieser zwischendurch aufblitzt („Aber ich leite dieses Institut hier").
- 2. Versuchung: Professor Cornelius beauftragt Laura mit der Durchführung des für ihn so wichtigen Projekts, anstatt die Sache selbst in die Hand zu nehmen. In der Auseinandersetzung mit Laura macht er sich damit bei ihr potenziell unbeliebt, fördert sie aber.
- 3. Versuchung: Professor Cornelius ist gegenüber Laura klar und deutlich, verschweigt nichts, und setzt damit die Sicherheit aufs Spiel, sie am Institut zu behalten.

- 4. Versuchung: Professor Cornelius geht den Weg der Auseinandersetzung und verzichtet dabei auf Harmonie.
- 5. Versuchung: Professor Cornelius setzt sein Vertrauen in Laura, indem er ihr die Aufgabe überträgt, und nimmt dabei in Kauf, enttäuscht, also verletzt zu werden.

Den „fünf Versuchungen" hat Professor Cornelius demnach sämtlichst widerstanden!

Nach Lencioni (vgl. [3]) hängen diese fünf Versuchungen alle voneinander ab. Erst wenn Sie Ihrem Gegenüber vertrauen, können Sie in eine Auseinandersetzung gehen. Nur dann, wenn Sie sich Auseinandersetzungen stellen, bietet sich Ihnen die Möglichkeit, klar zu sein. Nur wenn Sie Klarheit haben, können Sie Verantwortung übernehmen. Nur wenn Sie Verantwortung übernehmen, können Sie das Ergebnis in den Vordergrund stellen.

14.3 Anwendung

Welche Tätigkeiten und Verhaltensweisen machen es Ihnen leicht, sich führen zu lassen?

Stellen Sie sich vor, jemand sagt: „Es ist kalt." Malen Sie sich aus, wann und wie Sie diese Aussage auf der Sachebene, auf der Beziehungsebene, auf der Appellebene oder auf der Ebene der Selbstoffenbarung wahrnehmen.

Bereiten Sie sich auf ein Gespräch intensiv vor. Wenn Sie merken, dass Ihre Gedanken dennoch abschweifen: Wie kann es Ihnen gelingen, Ihre Aufmerksamkeit zurückzugewinnen, wenn Sie Ihrem Gegenüber nicht mehr zuhören können?

Notieren Sie, wie sich Laura in der Geschichte in Bezug auf die „fünf Versuchungen" verhält.

Schärfen Sie Ihren Blick für die „fünf Versuchungen" in der Führung. An welche Situationen können Sie sich erinnern, in denen diese im Spiel waren?

Menschen mit geringem Selbstwertgefühl lassen sich nur schwer führen. Kümmern Sie sich also um Ihr Selbstwertgefühl! Was könnten Sie dafür tun?

Haben Sie die Größe, bei anderen genau und geduldig hinzuhören, damit Sie die richtige Kommunikationsebene erfassen. Und fragen Sie gleich nach, was genau gemeint ist, wenn Sie etwas nicht verstanden haben. Was wären in Ihren spezifischen Situationen geeignete Fragen, Ihr Gegenüber zu verstehen?

14.4 Herausforderungen

- ☐ Es kostet Mut, Vertrauen zu wagen. Gehen Sie das Wagnis ein!
- ☐ Hören Sie unvoreingenommen hin und fragen Sie nach.
- ☐ Versuchen Sie, klar und deutlich zu kommunizieren, damit Ihr Gegenüber das Gesagte nicht ins „falsche Ohr" bekommt.
- ☐ Sehen Sie sich als Partner auf Augenhöhe und verhalten Sie sich auch so.
- ☐ Seien Sie sich der fünf Versuchungen bewusst und versuchen Sie, nicht in die Zwickmühle zu geraten.
- ☐ Sie müssen mit Menschen umgehen, die anderen Versuchungen erliegen als Sie selbst.
- ☐ Haben Sie ehrliches Interesse an Ihrem Gegenüber, insbesondere an Ihrem Doktorvater (siehe auch Kapitel 15).

14.5 Das Wichtigste in Kürze

Machen Sie Ihre Ansichten klar.

Folgen Sie Ihrem Wort.

Sehen Sie sich als Partner auf Augenhöhe.

Klären Sie Ihre Lebensprämissen und kommunizieren Sie diese klar und deutlich.

14.6 Reflexionsfragen

- ☐ Was stört Sie am Verhalten eines Gegenübers?
- ☐ In welcher Situation fällt es Ihnen schwer, bei Ihrem Gegenüber hinzuhören?
- ☐ Welche Lebensprämisse steht Ihnen dann im Weg, um hinhören zu können?
- ☐ Wann machen Sie „zu" und warum? Erkennen und benennen Sie dies für sich.
- ☐ Wo machen sich bei Ihnen Versuchungen bemerkbar?
- ☐ Was brauchen Sie, um sich auf andere Menschen einlassen zu können?
- ☐ Wie können Sie in Ihrer Umgebung für Vertrauen Ihnen gegenüber sorgen?
- ☐ Welches Gesprächsverhalten stößt Sie ab?
- ☐ Was sind die besonders starken Seiten an Ihrem Doktorvater?

14.7 Literatur

[1] Friedemann Schulz von Thun: *Miteinander Reden 1: Störungen und Klärungen: Allgemeine Psychologie der Kommunikation*, Rowohlt Taschenbuchverlag, 2010

[2] Patrick M. Lencioni, Andreas Schieberle: *Die fünf Versuchungen eines CEO*, Wiley -VCH, 2015

[3] Patrick M. Lencioni: *Mein Traum-Team. Oder die Kunst, Menschen zu idealer Zusammenarbeit zu führen*, Campus-Verlag, 2008

Literaturtipps

Patrick M. Lencioni, Andreas Schieberle: *Die fünf Versuchungen eines CEO*, Wiley – VCH, 2015

Atilla Vuran, Nina Harbers: *Kommunizieren heißt scheitern*, im Vertrieb von Jünger Medien Verlag, 2017

Stephen M. R. Covey, Rebecca R. Merrill: *Schnelligkeit durch Vertrauen: Die unterschätzte ökonomische Macht (Dein Erfolg)*, GABAL, 2009

15. Kapitel:
Wie führe ich meinen Doktorvater? – Eine ungewöhnliche Perspektive

„Wer sich selbst nicht zu führen versteht,
kann auch andere nicht führen."
Alfred Herrhausen

* * *

15.1 Auch Professoren sind Menschen

„Volare oho, cantare, ohohoho ...", tönte es leise aus den Lautsprechern. Dieser italienische Kult-Song machte das Ambiente hier bei Pino perfekt. Laura kam gerne hierher. Sie hatte ein Faible für Italien und die italienische Lebensart. Und selbstverständlich für die originale italienische Küche, für die Pino weit über die Tore der Stadt hinaus bekannt war.

„Ciao Laura, va bene?", fragte Pino, der gerade aus der Küche kam.

„Grazie! Ja, mir geht es gut!", antwortete Laura und man konnte ihr unschwer ansehen, dass sie ganz untertrieben gesagt entzückt war, den dunkelhaarigen, rassigen Pino zu sehen. Der Chef des Hauses konnte nicht nur gut kochen – wie alle Südländer konnte er es auch mit den Frauen. Der typisch italienische Küchengeruch, die dekorativen Fischernetze und die zischenden Laute der Espressomaschine machten die Idylle perfekt. Immer wenn Laura hierherkam, konnte sie den Alltag für kurze Zeit vergessen. Auch an diesem Abend hatte sie beschlossen, sich noch eine Pizza zu genehmigen, bevor sie sich auf den Weg zu Professor Cornelius machte. Ihr zweites Promotionsgespräch stand an, und ihr Magen sollte nicht wieder dabei knurren. Nur wenige Minuten später kam Pino erneut vorbei, dieses Mal, um mit einem „Prego, bella, la vostra pizza!" schwungvoll eine herrlich duftende Calzone Speciale vor Laura abzustellen. Laura konnte es kaum erwarten, das Prachtexemplar anzuschneiden. Der Abend begann hervorragend.

Als Laura Schilberg vor dem Haus ihres Professors ankam, war sie bester Dinge. Sie hatte gerade ihre Lieblingspizza verspeist, ein Glas Rotwein getrunken und mit einem sehr gut aussehenden Italiener geflirtet. Frauenherz, was willst du mehr? Laura erinnerte sich noch gut an ihr erstes Promotionsgespräch hier im Hause Cornelius. Damals war sie ziemlich nervös gewesen, doch von Nervosität spürte sie an diesem schönen warmen Sommerabend nichts. Das Verhältnis zwischen ihr und Cornelius, das sich zwischenzeitlich einmal merklich abgekühlt hatte, war zum Glück wieder auf gewohnt hohem Niveau, und in den letzten Tagen hatte Laura viel über das Gespräch vor einem Jahr nachgedacht. Es hatte ihr so viel gebracht!

Damals hatte Cornelius sie nach ihrem Wofür gefragt und ihr so die Augen über sich selbst geöffnet. Bei dem heutigen Gespräch wollte Laura herausfinden, worum es ihrem Professor eigentlich ging, wofür und wie er arbeitete. Laura hatte eine Menge Fragen dazu notiert und hoffte, dass sich die Möglichkeit ergab, diese auch zu stellen.

„Und jährlich grüßt das Murmeltier!“, scherzte Professor Cornelius, als er Laura die Tür öffnete. Er schien sehr guter Laune zu sein. „Guten Abend, Frau Schilberg. Kommen Sie herein. Schön, dass Sie da sind.“

„Guten Abend, Herr Professor!“

Cornelius nahm Laura die Jacke ab und hängte sie an die Garderobe. „Setzen wir uns doch raus in den Garten!“, schlug der Professor vor und zeigte mit der Hand auf die offen stehende Terrassentür. „Möchten Sie etwas trinken? Ein Wasser vielleicht, oder eine Cola?“

„Ein Wasser bitte!“, antwortete Laura und ging durch das Wohnzimmer in den Garten. Sehr gepflegt war der. Alles schön angelegt und jetzt im Sommer in voller Blüte. Vor dem großen Gartenteich saß eine Katze und beobachtete die Goldfische im Wasser. Laura setzte sich auf einen der beiden voluminösen Korbstühle, die um ein kleines Tischchen standen. „Ganz schön hart, die Dinger“, dachte sich Laura.

Nach ein paar Minuten kam Professor Cornelius mit zwei Gläsern und einer grünen Mineralwasserflasche zurück. Wie schon beim letzten Mal hatte er eine Schüssel Cracker dabei.

„Wie geht es Ihnen?“, fragte Laura, während Cornelius die Gläser füllte und die Cracker auf den Tisch stellte.

„Danke der Nachfrage!“, antwortete er erfreut und erzählte von seinen aktuellen Themen, von Diskussionen und von der Frage, wo die Universität wohl in zehn Jahren im internationalen Wettbewerb stehen würde. Und wie sie dazu positioniert sein musste. „Und? Wie geht es Ihnen, Frau Schilberg? Was sind Ihre aktuellen Themen?“

„Sie wissen doch, Herr Professor, mir geht es am liebsten gut!“, scherzte Laura, griff nach ihrem Glas und leerte es in einem Zug. Sie hatte Durst. Die Pizza war heute etwas salzig gewesen. Dann berichtete sie von ihrer Arbeit am Institut und dort besonders von ihrem aktuellen Forschungsprojekt, aber auch von ihrem Freund Benjamin. Dieser hatte nämlich einen neuen Job, der ihn enorm forderte.

„Was sind Ihre Erkenntnisse aus unserem letzten Gespräch?“, wollte Cornelius schließlich wissen.

„Ich habe gelernt, dass die Promotion nur ein Aspekt meines Lebens ist, der mit anderen Teilen meines Lebens in einer für mich gesunden Balance

stehen muss. Das Wie ist mitentscheidend", antwortete Laura wie aus der Pistole geschossen. Sie hatte sich darüber ja viele Gedanken gemacht.

„Sieh an, sieh an", meinte Cornelius und lächelte anerkennend.

„Wie sollte ich eigentlich mit Ihnen umgehen, was ist Ihnen wichtig?", fragt Laura Cornelius nun im Gegenzug.

Mit einem leisen Lächeln erläuterte Professor Cornelius bereitwillig seine Vorstellungen.

„Und woran würde ich erkennen, dass Sie mit mir unzufrieden sind?", fragte Laura.

„Das ist ganz einfach!", meinte Professor Cornelius grinsend und beantwortete Lauras Frage sehr präzise und routiniert. Offenbar hatte er darüber schon häufiger nachgedacht und war vorbereitet.

„Wofür sind Sie Professor geworden?"

„Weil es meine Sache ist, verstehen Sie?"

Natürlich verstand Laura das, aber es reichte ihr nicht. Sie konkretisierte ihre Frage. „Und was müsste passieren, damit Sie Ihren Job aufgeben?"

„Was passieren muss, damit ich meinen Job aufgebe?", wiederholte Cornelius, atmete tief ein und ließ seinen Blick durch den Garten schweifen. Es herrschte Stille und er dachte nach. Er ließ sich Zeit mit dem Denken, und nach einer gefühlten halben Stunde antwortete Cornelius: „Wenn ich keinen Spaß mehr hätte, das heißt, wenn ich nicht den nächsten Schritt gehen könnte, um auf einem Niveau anzukommen, auf dem ich bisher noch nicht war. Dies kann in den verschiedensten Bereichen der Fall sein, aber es muss vorwärtsgehen. Und, wenn ich nicht mehr selber forschen könnte, das wäre auch ein Problem. Ich möchte als Wissenschaftler leben und nicht als Manager."

„Ah ja!"

„Haben Sie noch so eine gute Frage für mich?", fragte Cornelius interessiert.

„Was ist für Sie denn eine gute Frage?"

„Eine Frage, die mich auf einen neuen Gedanken bringt! Neue Gedanken bringen uns weiter, und Fragen, über die man nachdenken muss, bringen einen weiter. An dieser Frage von Ihnen bin ich gewachsen", gab Cornelius zurück, wobei er die Worte „neu" und „Gedanken" genussvoll betonte.

„Und wie steht es um Ihre Dissertation?", nahm nun Cornelius wieder das Heft in die Hand und begann damit eine fachliche Diskussion, die die nächste Stunde beanspruchte.

Am nächsten Tag erzählte Laura in der Mensa beim Essen von ihrem Gespräch mit Cornelius.

„Und wie sollte man nun mit seinem Doktorvater umgehen, was ist dein Resümee?“, fragte ihre Kollegin Marion, die gerade erst die Promotion begonnen hatte und gespannt zuhörte. Laura erwiderte: „Professoren sind auch nur Menschen. Auch für Professoren gilt: Sie wollen verstanden werden, sie wollen respektiert werden. Versuche nicht, deinen Prof zu ändern, und höre möglichst unvoreingenommen zu.“

„Meinst du wirklich, dass das immer so gilt?“, fragte Marion.

„Als Richtschnur sicher! Aber Menschen sind unterschiedlich, und das gilt es zu beachten“, sagte Laura.

„Und wie krieg ich raus, wie jemand tickt?“, wollte die junge Kollegin wissen.

„Beobachten und ... vor allem: Fragen stellen!“

* * *

15.2 Theorie

„Wie führe ich meinen Doktorvater?“ – was haben Sie gedacht, als Sie diese Überschrift gelesen haben? Haben Sie vielleicht gedacht: „Geht ja gar nicht, der ist doch der Chef! Und der Chef ist doch die Führungskraft!“ Sie liegen insofern richtig, als dies das oftmals geltende Verständnis von Führung ist. Das impliziert dann aber, dass nur Sie geführt werden. Nur mit Ihrer Rolle einer Forschungsmarionette werden Sie sich, Ihrem Professor und dem Forschungsziel jedoch nicht gerecht. Deshalb wurde dieses Kapitel geschrieben.

Um der Sinnhaftigkeit dieser Überschrift auf die Spur zu kommen, sollten wir „Führung“ zunächst definieren. Führung bedeutet, jemanden vorwärtszubringen und in Übereinstimmung mit seinen Lebensprämissen zu beeinflussen und zu entwickeln. In der Regel unter Berücksichtigung der Ziele einer Organisation.

Wie klingt „beeinflussen“ für Sie? Vielleicht wie eine Assoziation zu „manipulieren“ und „ethisch fragwürdig handeln“? So ist es nicht gemeint. Manipulation unterscheidet sich von Beeinflussung dadurch, dass der Beeinflusste die Absicht des Beeinflussers kennt und sein Einverständnis gibt, was bei der Manipulation nicht der Fall ist.

In der Geschichte hat Laura durch Fragen ihren Doktorvater geführt. Das können Sie auch. Möchten Sie z. B., dass Ihr Doktorvater akzeptiert, dass

Sie den Schwerpunkt Ihrer Dissertation ändern, so sagen Sie ihm dies offen und liefern Sie dann Vorschläge, die es ihm einfach machen, Ihre Änderung zu akzeptieren. So beeinflussen Sie ihn; Sie beginnen, Ihren Doktorvater zu führen.

Wenn Sie jedoch hinter seinem Rücken andere Personen bitten, Ihre Position zu vertreten, und so versuchen, Randbedingungen zu schaffen, die zur Akzeptanz des Professors führen, ohne dass er von Ihrem Wunsch weiß, so ist dies Manipulation. In der Regel wird Manipulation vom Manipulierten irgendwann einmal wahrgenommen. Manipulation ist nicht nur ethisch fragwürdig, sondern darüber hinaus niemals dauerhaft von Erfolg gekrönt. Sie werden maximal kurzfristige Erfolge damit haben.

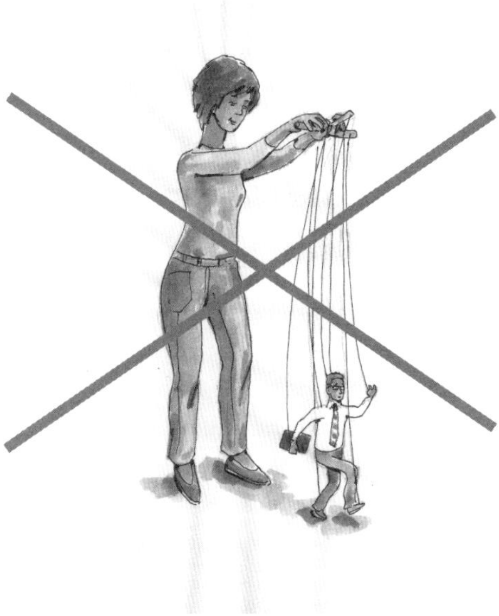

So nicht!

Manipulation ist nicht nachhaltig

Nennen Sie in Gesprächen mit Ihrem Doktorvater also immer Ihre Absichten. Sagen Sie, *wofür* Sie *wie* an *was* arbeiten möchten. Benennen Sie Probleme aktiv. Könnte es sein, dass Sie sich schwächen, wenn Sie offen zu ihm sind, und Sie letztlich einen Nachteil daraus ziehen? Ja, das ist möglich. Aber wollen Sie dann wirklich in einer Umgebung arbeiten, in der Sie als Person mit Stärken und demnach zwingend auch mit Schwächen Nachteile erleiden? Denken Sie nochmal darüber nach.

Es hilft im Umgang mit anderen Menschen, sich ein Bild von ihnen zu machen. Dies ist nicht gemeint im Sinne von „Personen analysieren und in eine Schublade stecken und die Schublade gut abschließen", sondern im Sinne von bewusster Wahrnehmung der Person mit ihren Eigenheiten und mit ihren Bedürfnissen.

In welcher Schublade steckt Ihr Professor?

In der Literatur zum Thema „Persönlichkeit" finden sich unzählige sogenannte „Persönlichkeits-Typologien". Diese Typologien beschreiben Grundtypen von Menschen. Dies ist auf der einen Seite hilfreich, weil so eine differenzierte Wahrnehmung möglich wird. Auf der anderen Seite sind Menschen so verschieden, dass jede typologische Zuordnung im Detail immer falsch ist. Dies im Hinterkopf zu haben ist wichtig, wenn wir uns nun solch eine Typologie ansehen und diese später nutzen. BLANK und BENTS [1] unterscheiden vier Dimensionen, die je zwei Ausprägungen haben. So ergeben sich insgesamt 16 verschiedene Typen. Dieses Modell ist in der Literatur auch unter dem Namen „Myers-Briggs-Typenindikator (MBTI®)" bekannt.

1. Dimension	Extraversion	E	Introversion	I
2. Dimension	Sinneswahrnehmung	S	Intuitive Wahrnehmung	N
3. Dimension	Analytisches Entscheiden	T	Wertorientiertes Entscheiden	F
4. Dimension	Strukturorientierung (d. h. beurteilend)	J	Wahrnehmungs-orientierung	P

Durch die Kombination der abkürzenden Buchstaben ergeben sich nun die 16 Typen: ESTJ, ESTP, ESFJ, ...

In den folgenden Tabellen sind die Merkmale der Ausprägungen nach Blank und Bents dargestellt. Um ein klareres Bild davon zu gewinnen, was für ein Typ Ihr Gegenüber ist, ist es hilfreich, die vier Dimensionen in den folgenden Tabellen zu betrachten und zu überlegen, welche Eigenschaften bzw. Präferenzen tendenziell zutreffend sind.

1. Dimension	
Extrovertiert E	**Introvertiert I**
Aktiv	Reflektierend
Nach außen	Nach innen
Interaktion	Konzentration
Umgänglich	Reserviert
Leute	Privatsphäre
Redner	Zuhörer
Viele	Wenige
Ausdrucksstark	Ruhig und still
Weite	Tiefe
Weit gefächert	Intensiv
Außenwelt	Innenwelt

2. Dimension	
Sinneswahrnehmung S	**Intuitive Wahrnehmung N**
Erfahrung	Gespür
Details	Strukturen
Gegenwart	Zukunft
Praktisch	Imaginativ
Tatsachen	Innovationen
Folgerichtig	Zufällig
Wiederholung	Abwechslung
Spaß an der Sache	Vorfreude
Realistisch	Spekulativ
Konkret	Abstrakt
Tun	Inspiration
Tatsächlich	Möglich
Brauchbarkeit	Fantasie
Gegenständlich	Begrifflich
Mit beiden Beinen fest auf dem Boden	Über den Wolken schwebend

3. Dimension	
Analytisch T	**Wertorientierung F**
Kopf	Herz
Objektiv	Subjektiv
Zuordnung	Hingabe
Gesetze	Umstände
Unpersönlich	Persönlich
Objektive Kriterien	Persönliche Vertrautheit
Kritik	Würdigung
Standhaftigkeit	Überredung
Analyse	Einfühlsamkeit
Präzision	Überzeugungskraft
Kategorien	Übereinstimmung
Prinzipien	Wertvorstellung
Politische Notwendigkeit	Gesellschaftliche Werte

4. Dimension	
Beurteilend J	**Wahrnehmend P**
Festlegend	Schwebend
Organisiert	Flexibel
Entschlossenheit	Wunsch nach mehr Information
Strukturierung	Fließgleichgewicht
Kontrolle	Erfahrung
Entschieden	Vorläufig
Besonnen	Spontan
Schluss der Debatte	Offenheit für Neues
Planung	Anpassung
Termine und Fristen	Entdeckung
Fertig und vollkommen	In statu nascendi (im Geburtsvorgang)
Produktiv	Rezeptiv
Ergebnis	Prozess

Wie Menschen sich verhalten, hängt massiv vom Kontext ab, in dem sie agieren. D. h. je nach Situation können sich die Zuordnungen oben ändern. Wir möchten die Typologie an dieser Stelle nur als Reflexionshilfsmittel verstanden wissen und nicht als absolute Kategorisierung. Die Tabellen erheben auch keinen Anspruch auf Vollständigkeit.

In der Tabelle unten finden Sie Ideen zum Umgang mit den verschiedenen Typen. Diese Ideen sind bei Weitem nicht vollständig und sollen lediglich eine Anregung geben, wie man die Typisierung umsetzen kann. Ziel des Ganzen ist es, dass Sie Ihre Kommunikation auf Ihr Gegenüber einstellen. Dabei geht es nicht darum, Theater zu spielen und das Gegenüber auszutricksen, sondern die richtige Sprache zu wählen, um verstanden zu werden.

Ideen zur Umsetzung		
Extraversion	E	Teilen Sie sich mit! Seien Sie interaktiv und ausdrucksstark! Reden und Begeisterung für die Außenwelt ist Trumpf! So verjagt man I.
Introversion	I	Was in diesem Typ vorgeht, sehen Sie ihm nicht an. Er wirkt oft nach innen orientiert, konzentriert, will seine Privatsphäre, Ruhe und Tiefe. Weniges richtig tun ist wichtiger als vieles ein wenig tun. Respektieren Sie dies.
Sinnes-wahrnehmung	S	Bringen Sie Belege für Ihre Behauptungen. Dieser Typ will Erfahrung, Details und Tatsachen. Handeln Sie! „Es gibt nichts Gutes, außer man tut es", könnte der Leitspruch sein! Bleiben Sie mit beiden Beinen fest auf dem Boden.
Intuitive Wahrnehmung	N	Diesen Typ erreichen Sie vor allem über Inspiration. Zahlen, Daten und Fakten sind zweitrangig. Zeigen Sie auf, welche Chancen Ihre Themen bieten, Möglichkeiten sind wichtiger als Garantien.
Analytisches Entscheiden	T	Liefern Sie Zahlen, Daten und Fakten, nehmen Sie Kritik nicht persönlich! Hier geht es normalerweise nur um die Sache, halten Sie sich an Regeln und Abläufe.
Wertorientiertes Entscheiden	F	Das Bauchgefühl hat hier hohe Bedeutung, Dinge von Herzen mit Hingabe persönlich zu tun. Vertrauen, Einfühlungsbereitschaft und persönliche Vertrautheit sind wichtig.
Struktur-orientierung	J	Halten Sie sich an Strukturen und Festlegungen. Planen Sie und teilen Sie Ihre Planungen mit. Termine und Fristen sind heilig, das Ergebnis zählt, Dinge müssen unter Kontrolle sein.
Wahrnehmungs-orientierung	P	Wichtig ist, was aktuell ist. Flexibilität, Anpassungsfähigkeit und Offenheit für Neues zählen. Alles ist im Prozess, nichts ist fixiert.

Vergessen Sie nicht: Professoren waren in den allermeisten Fällen auch einmal Doktoranden. D. h. sie haben oftmals ähnliche Situationen erlebt wie Sie heute. Fragen Sie doch einfach einmal, wie für Ihren Professor seine Promotionszeit war. Während er erzählt, werden Sie viel über ihn erfahren, und das hilft Ihnen, ihn als Person zu begreifen.

In der Regel ist es hilfreich, wenn Sie Ihren eigenen Standpunkt Ihrem Professor gegenüber selbstbewusst vertreten. Seien Sie klar in Ihren Botschaften, aber wundern Sie sich nicht über ebenso viel Klarheit der Antwort, die Sie bekommen. Klare Standpunkte sorgen für eine gute Ausgangssituation auf der Suche eines gemeinsamen Weges.

Checkliste für das Verhalten Ihrem Doktorvater gegenüber

- Fragen Sie nach Erwartungen Ihres Professors.
- Respektieren Sie Ihren Professor, indem Sie nicht erwarten, er müsse sich verändern, um mit Ihnen arbeiten zu können. Werben Sie trotzdem für Ihre Sache.
- Wofür ist Ihr Professor „Professor" geworden? Was ist sein *Wofür*? Fragen Sie ihn!
- Schreiben Sie zu wichtigen Gesprächen ein Protokoll! Holen Sie vorher das Einverständnis von ihm ein und legen Sie ihm das Protokoll nach dem Gespräch vor, damit Missverständnisse sofort geklärt werden können.
- Hören Sie gut, d. h. unvoreingenommen, hin. Werten Sie nicht beim Hinhören! Ja, das ist eine Kunst!
- Vertreten Sie Ihren Standpunkt selbstbewusst. Aber lassen Sie wenn notwendig auch einmal von Ihrem Standpunkt ab. So geben Sie Ihrem Professor die Chance, dies auch einmal zu tun.
- Bereiten Sie sich auf Gespräche sehr gut vor.
- Kommunizieren Sie Ihre eigenen Erwartungen proaktiv. Machen Sie dabei aber deutlich, dass es Ihnen nicht nur um sich geht.

15.3 Anwendung

Beobachten Sie Ihren Professor! Was ist er für ein Typ? Nutzen Sie die Tabellen als Hilfe.

Mit welchen Fragen würden Sie erfahren, *wofür* Ihr Professor steht, *wie* er arbeiten möchte und auf *was* es ihm inhaltlich ankommt?

Was braucht Ihr Doktorvater?

Woran hat Ihr Doktorvater Freude?

Was erwartet Ihr Doktorvater von Ihnen?

Was sollten Sie im Umgang mit Ihrem Doktorvater besser lassen?

15.4 Herausforderungen

- Die größte Herausforderung ist es, trotz Ihrer starken Abhängigkeit als Doktorand von Ihrem Doktorvater den eigenen Standpunkt selbstbewusst zu vertreten und den Mut zur konstruktiven Kontroverse aufzubringen.
- Stellen Sie Fragen, um Ihren Doktorvater kennenzulernen. Bei wirkungsvollen Fragen wird Ihr Doktorvater, während er die Antwort gibt, selber Erkenntnisse über sich haben.
- Es ist herausfordernd, sich in die Perspektive Ihres Professors zu versetzen. Da Sie noch nie Professor waren, wird Ihnen das nicht vollständig gelingen, aber es bringt Sie näher an ein gemeinsames Verständnis.
- Es ist herausfordernd, nicht an eigenen Standpunkten zu kleben. Lassen Sie Ihre Standpunkte los, wenn dabei nicht Ihre zentralen Lebensprämissen und Ziele verletzt werden.
- Trauen Sie sich, Fragen zu stellen!
- Es ist herausfordernd zu fragen, was Ihr Doktorvater braucht! Und nicht nur auf das zu fokussieren, was Sie brauchen.

- ☐ Es ist herausfordernd, sich regelmäßig zu fragen: „Was ist mein Teil der Verantwortung an den Stellen, an denen es mit meinem Doktorvater besser klappen könnte?"

15.5 Das Wichtigste in Kürze

Manipulieren Sie nicht! Manipulation ist nicht nachhaltig.

Beobachten Sie Ihren Doktorvater und machen Sie sich ein Bild!

Wenn Sie ein Bild haben, stecken Sie Ihren Doktorvater ruhig in eine Schublade, aber lassen Sie die Schublade offen! Denn eines Tages wird es nicht mehr die richtige sein. Schubladen hängen vom Kontext ab. Bei der Ausübung von Hobbys verhalten sich Menschen oftmals anders als im Job.

Machen Sie Ihre Ziele und Absichten selbstbewusst klar.

15.6 Reflexionsfragen

- ☐ Was müssen Sie an sich verändern, damit der Doktorvater Ihnen zuhört?
- ☐ Was mag Ihr Doktorvater überhaupt nicht?
- ☐ Was ist Ihrem Doktorvater wichtig?
- ☐ *Wofür* steht Ihr Doktorvater?
- ☐ *Wie* arbeitet er gerne?
- ☐ Wie schaffen Sie es, das Vertrauen Ihres Doktorvaters zu bekommen?
- ☐ Möchte Ihr Doktorvater wirklich Klarheit?
- ☐ Möchte Ihr Doktorvater beliebt sein?
- ☐ Was braucht Ihr Doktorvater, um Vertrauen zu schöpfen?
- ☐ Welche Ziele hat Ihr Doktorvater?

- ☐ Was sind die Stärken Ihres Doktorvaters?
- ☐ Welche Konflikte in Bezug auf seine Lebensprämissen beobachten Sie bei Ihrem Doktorvater?
- ☐ Betrachten Sie das 4-Ohren-Modell von SCHULZ VON THUN (Kapitel 14): Was bedeutet das für Ihre aktuelle Situation?

15.7 Literatur

[1] Reiner Blank, Richard Bents: *Sich und andere verstehen, Eine dynamische Persönlichkeitstypologie*, Claudius Verlag, 2006

Und dann? – Die Zeit nach der Promotion

Was werden Sie nach der Promotion tun? Werden Sie mit anderen Menschen gemeinsam arbeiten, um im Team Ergebnisse zu erzielen? Dann wären Sie Führungskraft. D. h. Sie werden versuchen, andere Menschen für eine Sache zu gewinnen und diese Menschen im Sinne des großen Ganzen zu beeinflussen. Das ist Führung!

Mit Beeinflussung ist nicht Manipulation gemeint! Ein Musiklehrer oder Trainer im Sport beeinflusst den Musiker oder Sportler, damit er besser wird. Dieses Ziel ist von Beginn an klar. Würde ein Musiklehrer dem Schüler den Spaß an der Musik absichtlich „madig machen", weil er ihn musikalisch für eine Niete hält, und ihn stattdessen zum Sport motivieren, ohne ihm den Grund dafür zu nennen, dann wäre dies Manipulation.

Würden Sie einen Fluglehrer auswählen, der selber nie geflogen ist? Sicher nicht. Auch Mitarbeiter werden sich schwertun, Führungskräfte zu akzeptieren, die sich selber nicht führen können. Deshalb ist das Thema Selbstführung, um das es in diesem Buch geht, die Basiskompetenz für jeden, der Führung erfolgreich ausüben möchte.

Pater Anselm Grün, ein Benediktinermönch und bekannter Autor, der viel über das Thema Führung geschrieben hat, sagt: „Wer andere führen will, muss sich selber führen ..." Die Herausforderungen im Berufsleben nach der Promotion sind ähnlich wie die während der Promotion. Dies liegt zum einen daran, dass Sie sich selber in den nächsten Job mitnehmen, und zum anderen daran, dass viele Randbedingungen ähnlich sind.

Bezüglich des Berufslebens nach Ihrer Promotion könnten Sie sich fragen:

- *Wofür* wählen Sie den Job nach der Promotion?
- Werden Sie im Beruf Entscheidungen fällen?
- Wollen Sie auch im Berufsleben lernen?
- Werden Sie im Berufsleben mit eigenen Vorurteilen oder solchen über Sie konfrontiert sein?
- Wovon lassen Sie sich ablenken?
- Könnten im Beruf Dinge passieren, die an Ihrem Selbstwertgefühl nagen?
- Müssen Sie auch nach der Promotion Lösungen suchen?
- Ist das Berufsleben eine angstfreie Zone?

- Gibt es außerhalb der Universität, z. B. in Phasen schwacher Konjunktur, Unsicherheit?
- Werden Sie verhandeln müssen, z. B. über Ihr Gehalt?
- Könnte Überlastung ein Thema sein?
- Sind Krisen im Berufsleben denkbar?
- Gehen Sie mit Ihren heutigen Stärken und Schwächen in den nächsten Job?
- Werden Sie führen und sich führen lassen?

Fragen Sie sich nun, ob dies wirklich ein Buch für Promovierende war?

Ja! – Auch!

Viel Erfolg auf Ihrem Weg! Scheitern Sie sich vorwärts!

Weiterführende Informationen

Für weitere Informationen, Hinweise zu Vorträgen oder Workshops besuchen Sie unsere Homepage:

www.promovieren-heisst-scheitern.de

EIN SACHBUCH DER GANZ BESONDEREN ART

www.arzt-sein-heisst-scheitern.de

„Jocki, du Idiot! Du bringst meine Patienten um!“ Mit diesen Worten beginnt dieses erfrischend andere Sachbuch zum Thema Führung im klinischen Alltag. Die Kombination aus Geschichten, die das (klinische) Leben schreibt, und den passenden Sachtexten zeigt praxisnah, dass auch führen immer wieder scheitern bedeutet.

Mit dem Buch ARZT SEIN HEISST SCHEITERN wird ein bestehendes Führungssystem speziell für das Gesundheitswesen greif- und umsetzbar. Die Aufgaben, Hilfsmittel und Prinzipien wirkungsvoller Führung werden auf einfache Weise aufgezeigt und tief verwurzelte Mythen der Führung werden widerlegt.

Atilla Vuran ist Autor, Gründer und Inhaber der PONTEA AG. In den vergangenen Jahren hat er in vielen Krankenhäusern und an Hochschulinstituten Führungs- und Kommunikationssysteme erfolgreich eingeführt und umgesetzt und ärztliche Direktoren sowie leitende Ärzte geschult und trainiert. Er gehört zu den Experten für Leadership im deutschsprachigen Raum.

Univ.-Prof. Dr. med. Stefan Jockenhövel hat an der RWTH Aachen Medizin studiert. Während seiner langjährigen Tätigkeit in der Herz-, Thorax- und Gefäßchirurgie in Deutschland, der Schweiz und in Luxemburg hat er verschiedenste Führungskulturen kennengelernt, bevor er ganz in die Forschung wechselte.

ARZT SEIN HEISST SCHEITERN
Führen im Gesundheitswesen: klar, einfach, effizient
Hardcover, 192 Seiten
ISBN 978-3-7664-9939-4

FAILING TO SUCCEED

THE ROCKY ROAD TO EARNING YOUR DOCTORATE

A blueprint for self-guidance and personal responsibility

Sooner or later, many doctoral candidates have doubts as to whether the journey they have embarked on really makes sense for them, and/or want to get more out of their investment of time and energy. The solution often lies in self-guidance and personal responsibility – which is where this book comes in. It offers various ideas and suggestions for how to strengthen your competency in self-leadership. What do you want to earn your doctorate for, and how? That is the central question of this book, which is aimed at doctoral candidates, teachers, university training centres, and all people interested in self-leadership. Lead yourself on a high level, taking full responsibility for yourself – during your doctoral journey, and, going forward, as a leader in your field of expertise.

"This book opens a whole series of windows for self-awareness and self-help that are useful during your doctoral journey and beyond. This book will definitely stay with you over your subsequent professional life."
Prof. Dr. Martin Paul,
President Maastricht University

"The implementation concept behind 'The Rocky Road to Earning Your Doctorate' is fascinating."
Prof. Dr. med. Stefan Jockenhövel,
RWTH Aachen University

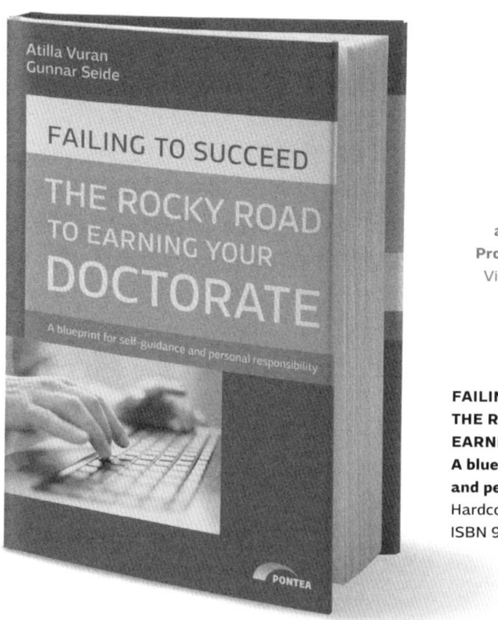

With a foreword of Prof. Ferdi Schüth, Vice President of Max-Planck Gesellschaft

FAILING TO SUCCEED – THE ROCKY ROAD TO EARNING YOUR DOCTORATE
A blueprint for self-guidance and personal responsibility
Hardcover, 229 Pages
ISBN 978-3-7664-9950-9